영화로 보는 AI

인공지능총서

인공지능 시대입니다. 기계가 인간의 인지를 대신하고, 사물이 인간을 통하지 않고 다른 사물과 직접 커뮤니케이션합니다. 이에 따른 인간 삶과 문명 변화를 정확히 이해·예측·대응하는 것은 이 시대 우리 모두의 과제입니다. 인공지능총서는 인공지능 기술과 환경의 여러 주제를 10가지 키워드로 정리합니다. 관련 개념과 이론, 학계와 산업계의 쟁점, 우리 일상의 변화를 다룹니다. 인간과 기술의 현재, 미래를 세심히 분석합니다.

일러두기

- 인명, 작품명, 저서명, 개념어 등은 한글과 함께 괄호 안에 해당 국가의 원어를 병기했습니다.
- 외래어 표기는 현행 어문규정의 외래어표기법을 따랐습니다.

처음이세요?

전문가세요?

지금, 큐알 찍으면

- 🎁 AI 입문서 바로 선물
- 📚 당신만의 필독서 추천
- 📖 500권 요약본 공짜
- 🎧 오디오북 무료 사용

영화로 보는 AI

김소임

대한민국, 서울, 커뮤니케이션북스, 2025

영화로 보는 AI

지은이 김소임
펴낸이 박영률

초판 1쇄 펴낸날 2025년 3월 21일

커뮤니케이션북스(주)
출판 등록 2007년 8월 17일 제313-2007-000166호
02880 서울시 성북구 성북로 5-11
전화(02) 7474 001, 팩스(02) 736 5047
commbooks@commbooks.com
www.commbooks.com

ISBN 979-11-7307-784-5 03500

책값은 뒤표지에 표시되어 있습니다.

차례

AI의 등장과 진화

영화 속에서 AI는 때로는 용감하게, 때로는 재치 있게 영웅을 보좌하면서 관객을 매료해 왔다. 인간과 유사한 인지, 추론, 판단 등의 능력을 보이는 AI는 여러 모습으로 영화에 등장한다. 컴퓨터, 로봇, 안드로이드, 홀로그램과 운영체제인 OS가 그것이다. 영화의 시점은 대체로 미래이며 영화에 등장하는 AI의 대부분은 현재 인류가 달성한 AI의 수준을 넘어선다. "자각, 지각력, 감정, 도덕의식까지 가능한 강인공지능(Strong Artificial Intelligence)"(Walsh, 2018/2018), "인간의 지능을 뛰어넘어 모든 면에서 월등히 뛰어난 성능을 보이는" 초인공지능(Artificial Super Intelligence)의 특징을 보이는 AI들도 많이 만날 수 있다. 미래학자 레이먼드 커즈와일(Raymond Kurzweil)은 AI가 인간을 뛰어넘는 순간을 의미하는 '특이점(Singularity)'이 2030년경에 찾아올 것으로 예고했는데(약인공지능과 강인공지능) 영화 속 AI들은 많은 경우 특이점을 넘어서 있다.

영화 속 AI들은 상상을 초월하는 능력을 갖추었지만 현재 진행 중인 AI 연구와 연결 고리가 없는 것은 아니다. 영화 속 AI들은 현재 AI 산업의 키워드들을 이미 구현하여 학습 능력, 추론 능력, 사물을 자각하는 로봇공학 성과, 컴퓨터 비전, 뛰어난 언어 구사 능력을 발휘하고 있다(Walsh, 2018/2018). AI들은 컴퓨터가 스스로 외부 데이터를 조합, 분석해 학습하는 기술을 뜻하는 딥러닝을 통해서 엄청난 능력을 보여 준다. 최근 들어 큰 발전을 보이고 있는 생성형 AI(Generative AI)의 키워드는 '기억한다', '반응한다', '능동적으로 생성한다', '인간의 창조력을 뛰어넘는다' 등인데, 이 책에서 다룰 AI들은 대부분 이런 능력을 탑재하고 있다. 2025년에 등장할 것으로 예상되는 "데이터를 조합해 … 가장 적합한 해답"을 만들어 내는, 생성형 AI를 뛰어넘는 추론형 AI, 사람을 대신해 다양한 작업을 수행하는 AI 에이전트들을 영화에서는 쉽게 만날 수 있다(장형태, 2025). 기대와 우려의 대상으로 언급되는 사람을 고치는 로봇, 완벽한 자율 자동차, 교묘하게 범죄를 저지르는 컴퓨터 등의 모습도 발견된다. AI에 대한 우려 중 하나인 군사용 로봇, 즉 "로봇 군대", "킬러 로봇" 등도 영화에서 빈번하게 등장한다(Walsh, 2018/2018).

하지만 영화는 어디까지나 영화다. AI는 영화 안에서 그 존재 이유, 특징과 기능 면에서 인간의 상상력이 변주한 캐릭터로 기능한다. 즉, AI는 캐릭터다. 최초로 영화에 등장한 AI로는 프리츠 랑(Fritz Lang) 감독의 〈메트로폴리스(Metropolis)〉(1927) 속 로봇을 들 수 있다. 그 후 100년 가까운 시간 동안 탄생한 AI 영화는 수백 편에 이른다. 20세기 중반까지 간헐적으로 등장하던 AI가 크게 주목을 받기 시작한 것은 스탠리 큐브릭(Stanley Kubrick)의 〈2001: 스페이스 오디세이(2001: A Space Odyssey)〉(1968)부터다. 미국과 소련의 우주 탐사 경쟁 속 우주 탐사를 다룬 이 영화는 평단과 관객의 관심을 받았으며 할9000(Hal9000)은 인상 깊은 AI 악당 중 하나로 자리매김하게 된다.

귀엽고 사랑스러운 로봇 R2-D2, C-3PO가 등장하는 조지 루카스(George Lucas) 감독의 〈스타워즈(Star Wars)〉 연작(1977~)의 성공, 매력 있는 안드로이드인 데이터가 등장하는 SF 영화 〈스타 트렉(Star Trek)〉 연작(1979~)의 성공으로 SF 영화는 영화계의 주요 장르가 된다. 흥행에는 성공하지 못했으나 비평가들의 주목을 받고 후속작을 탄생시킨 리들리 스콧(Ridley Scott) 감독의 〈블레이드 러너(Blade Runner)〉(1982)와 제임스 캐머런(James Cameron) 감독의 〈터미네이터(The Terminator)〉(1984)가 개봉하면서 AI 영화는 작품성까지 확보하게 된다. AI 영화가 영화계의 중심에 서게 된 예로는 1991년의 〈터미네이터 2: 심판의 날(Terminator 2: Judgment Day)〉을 들 수 있다. 뒤이은 터미네이터 연작의 성공으로 이제 AI는 블록버스터 영화의 흥행 필수 아이템이 되었다.

21세기에 들어오면서 AI 영화도 다양해지기 시작한다. 지금은 자매가 된 워쇼스키 형제(The Wachowski Brothers)가 1999년, 2003년에 발표한 〈매트릭스〉 연작을 통해서는 매트릭스에 인간을 가둬 버린 인공지능이 던진 '무엇이 실재인가'라는 묵직한 질문과 마주하게 된다. 1999년 크리스 콜럼버스(Chris Columbus) 감독의 〈바이센테니얼 맨(Bicentennial Man)〉, 스티븐 스필버그(Steven Spielberg)가 연출한 〈A.I.〉(2001)에서는 AI가 단순한 보조 캐릭터를 넘어서 기계란 무엇이며 인간은 무엇인가와 같은 삶의 본질에 대한 질문을 던지기 시작한다. 알렉스 프로야스(Alex Proyas) 감독의 〈아이, 로봇(I, Robot)〉(2004년), 존 파브로(John Favreau) 감독의 〈아이언 맨(Iron Man)〉(2008년)을 필두로 한 마블 시리즈 영화의 성공으로 흥행 불패 신화 또한 지속된다.

최근 AI 영화는 테크놀로지를 활용한 현란한 볼거리와 음향 효과로 관객을 압도하는 것 이상의 영역을 탐색한다. 스파이크 존즈(Spike Jonze) 감독의 〈그녀(Her)〉(2013), 알렉스 가랜드(Alex Garland) 감독의 〈엑스 마키나(Ex

Machina)〉(2015), 그랜트 스푸토어(Grant Sputore) 감독의 〈나의 마더(I am Mother)〉(2019), 리들리 스콧 감독의 〈에이리언: 커버넌트(Alien: Covenant)〉(2017) 와 함께 AI와 젠더, 모성, 창조주로서의 문제까지도 탐색하게 된다. 2014년에 개봉한 월리 피스터(Wally Pfister) 감독의 〈트랜센던스(Transcendence)〉에서는 인간의 뇌를 다운로드해 부활하는 이야기가 펼쳐진다. 프랭클린 리치(Franklin Ritch) 감독의 〈아티피스 걸(The Artifice Girl)〉(2022), 연상호 감독의 〈정이〉(2023)을 통해서는 AI의 정체성과 자유의 의미가 탐색된다. 개러스 에드워즈(Gareth Edwards) 감독의 〈크리에이터(Creator)〉(2023)와 브래드 페이튼(Brad Peyton) 감독의 〈아틀라스(Atlas)〉(2024)를 통해서는 인간과 AI의 접목, 즉 트랜스휴먼, 포스트휴먼의 영역이 탐색된다. 이제 AI 영화는 여름 블록버스터 영화 이상의 영역을 차지하게 된다. AI를 통해서 계급, 젠더, 인종, 정의, 인권의 문제 등이 사유된다. AI는 인간의 또 다른 자아이며, 숨겨진 욕망이고 우리 사회를 비추는 은유다.

영화 속 AI 캐릭터들을 세세하게 컴퓨터 용어를 사용해서 분석하는 것은 불가능할 뿐 아니라 영화 예술에 대한 분석으로도 적절하지 않다. 컴퓨터 과학에서 개념이

구체화되고 현실적 가능성이 타진되기 전부터 영화는 이미 놀라운 상상력으로 AI를 중요 구성원으로 활용해 왔다. AI들은 하나의 캐릭터로서 다른 캐릭터, 시공간적 배경, 세팅과 교류하며 미장센을 구축하고 주제를 풍부하게 만들어 왔다.

이 책에서는 AI들을 다른 캐릭터들을 비롯한 영화의 기타 구성 요소들과의 상호작용하는 독특한 특징과 지향점을 가진 캐릭터로 분석한다. 캐릭터의 특징과 인간관계를 기준점으로 해서 10가지 범주를 정해 보았다. 영화는 인지도 중심으로 선정하였다. 먼저 1장에서는 인간의 보조자, 동료, 가이드로서의 AI란 주제로 AI와 인간 캐릭터의 관계를 바라보았다. 이 주제를 맨 앞에 둔 이유는 현실에서 AI의 가장 큰 존재 이유가 인간을 돕기 위한 것이라고 판단했기 때문이다. 계산을 하든지 집안일을 하든지 게임 파트너가 되든지 글을 쓰든지 간에 AI는 현실에서 많은 경우 인간의 비서이자 친구가 되는 것을 목표로 개발된다. 인간의 충실한 동료인 〈스타워즈〉 연작 10편에 등장하는 R2-D2, C-3PO, 〈스타 트렉〉에 등장하는 남성 안드로이드인 데이터, 〈터미네이터 2: 심판의 날〉의 T-800은 폭발적 관심과 인기를 끌며 문화적 아이콘으로 부상했다. 〈아이언 맨 3부작(Iron Man Trilogy)〉과 조스 웨돈(Joss Whedon) 감독의 〈어벤저스(Avengers)〉(2012)와 앤소니 루소(Anthony Russo), 조 루소(Joe Russo) 감독의 〈캡틴 아메리카: 시빌 워(Captain America: Civil War)〉(2016) 등에 등장하는 J.A.R.V.I.S.와 F.R.I.D.A.Y.는 비록 인간과 닮은 몸을 가진 휴머노이드는 아니지만 영웅 토니를 철두철미하게 보좌해 승리의 견인차 노릇을 한다.

AI에게는 인간을 도와 적을 죽이는 무기의 기능이 기대되기도 한다. 2장에서는 '무기로서의 AI'라는 제목으로 병기 역할을 하는 AI들을 살펴본다. 〈터미네이터〉의 T-800와 〈터미네이터 2: 심판의 날〉의 T-1000의 경우 스카이넷이란 슈퍼컴퓨터가 자신의 적 존 코너를 죽이기 위해 파견한 병기다. 〈매트릭스〉 시리즈에서 네오를 끈질기게 괴롭히는 요원들은 인간을 제압하기 위해 기계 군단(Machines)이 만든 인공지능이다. 드니 빌뇌브(Denis Villeneuve) 감독의 〈블레이드 러너 2049(Blade Runner 2049)〉(2017)에서의 블레이드 러너는 복제 인간을 색출하기 위해서, 연상호 감독의 〈정이〉의 AI 용병은 내전 상대방을 제압하기 위해 만들어진 것이다. 불사조에 가까운 AI 병기들은 가공할 파괴력을 보인다. 이 책에서는 AI 병기가 결국 인간의 창조물이거나 인간의 정복욕의 산물이란 역학 관계에 주목한다.

AI의 또 다른 기능 중 하나는 기억한다는 것이다. 이미 많은 AI들이 기억하고 적용하는 능력을 보이고 있다. 영화에서도 AI들은 인간을 뛰어넘는 놀라운 기억력으로 다양한 활약을 벌이고 있다. 하지만 AI의 기억을 주제로 다룬 영화는 그리 많지 않다. 한국계인 코고나다(Kogonada) 감독이 만든 〈애프터 양(After Yang)〉(2021)과 김태용 감독의 〈원더랜드〉(2024)는 그런 점에서 희소가치가 있다. 3장에서는 AI의 기억을 통해서 인간의 기억을, 인간의 존재 조건을 탐색해 본다.

모든 AI는 그 효용가치가 다하게 되면 폐기 처분된다. 4장에서는 새로운 물건을 구매한 후 기존에 쓰던 것을 버리듯이 가볍게 AI를 버리거나 위협이 된다며 집요하게 쫓아 파괴하는 현장을 주목한다. AI를 제거하고 유기하고 해체해 버리는 것이 큰 갈등을 유발하는 영화로는 〈블레이드 러너〉와 〈블레이드 러너 2049〉, 그리고 〈A.I.〉를 들 수 있다. 〈블레이드 러너〉에서는 인간에게 위협이 되는 리플리컨트들이 폐기의 대상이 된 반면 〈A.I.〉에서는 인간을 사랑한 죄밖에 없는 소년 AI의 유기가 플롯의 중심이다. 폐기의 대상이 된 AI는 악착같이 도망쳐 저항 단체를 만들기도 한다. AI 폐기를 통해 인간에게 허용된 폐기할 자유, 기계에게 부여된 지속될 권리와 같은 문제도 반추 가능하다.

조만간 AI를 탑재한 섹스 파트너 등장도 예상 가능하다. 인체 크기의 섹스 토이는 이미 우리 삶에 들어와 있으니 이 또한 시간 문제일 듯 하다. 5장에서 주목한 영화에서는 이미 AI가 연애 파트너로서의 역할을 톡톡히 하고 있다. 〈그녀〉의 사만다와 〈블레이드 러너 2049〉의 조이, 〈엑스 마키나〉(2014)의 교코등을 통해 연애 상대로서의 AI의 다양한 모습을 살펴보고 인간과 기계 간의 관계의 가능성과 한계를 짚어 본다.

5장까지 현재 가시권에 들어와 있는 AI의 능력을 살펴보았다면, 6장부터는 AI에 대한 우려와 기대가 영화에서 어떻게 표현되었는지를 탐색한다. 과학자들이 두려워하는 것 중 하나는 여러 가지 이유에서 AI가 인간을 적으로 간주하는 시나리오다. 2024년 9월 UN의 인공지능 고위급 자문 기구(HLAB-AI)는 『인류를 위한 인공지능 관리』라는 보고서에서 "AI 발전의 속도, 자율성과 불투명성을 고려할 때 위협이 현실화될 때까지 기다리면 대응이 너무 늦어질 수 있다"며 "지속적으로 과학적 평가와 정책적 대화를 하면서 세계에 닥칠 피해를 사전에 막아야 한다"고 주장했다(변희원, 2024). 현실에서는 아직까지 "가짜 뉴스와 딥페이크"(변희원, 2024)가 가장 심각한 피해지만, 영화에서는 이미 인간을 적으로 간주해 인류 파멸을 목표로 하는 AI들을 만날 수 있다. AI들은 많은 경우 인간이 자신의 생존을 위협한다고 판단해 인간을 적대시한다. 먼저 앞에서도 언급한 큐브릭의 〈2001: 스페이스 오디세이〉의 할9000을 들 수 있다. 할9000은 비행선 선원들이 자신을 기능 정지시키려 한다는 것을 알게 되고, 모든 우주인들을 죽이려고 마음먹는다. 〈터미네이터〉 시리즈의 스카이넷 또한 자의식을 갖게 된 후 자기 보호를 위해 인간을 적대시하게 된다. 〈매트릭스〉에서 인간의 적은 AI 집단인 기계 군단이다. AI들은 인간이 사라져야 세상의 평화가 가능하다고 판단해 공격하기도 한다. 〈어벤저스: 울트론 시대(Avengers: Age of Ultron)〉(2015)에 등장하는 울트론은 평화를 위해서는 인간을 파멸시켜야 한다고 판단해 인간을 적대시하게 된 AI다. 〈아틀라스〉의 할란도 그런 존재다. '끊임없는 전쟁과 생태계 위기 속에 세상의 파멸에 가장 책임이 있는 것은 인간이 아닌가' 하는 것은 피할 수 없는 문제다. AI가 이미 사라져 버린 사랑하는 사람을 대체해 줄 수 있을까? 7장에서는 여기에 주목한다. 월리 피스터 감독의 〈트랜센던스〉의 천재 과학자 윌 캐스터는 테러를 당해 사망하지만 AI로 부활한다. 아내 에블린은 남편의 부활에 크게 기뻐하지만 결국은 점점 더 강력해지는 AI의 능력에 두려움과 의구심을 느끼고 컴퓨터 백신을 만들어서 남편의 환생인 AI를 파괴하는 것에 찬성한다. 〈원더랜드〉의 바이리와 태주는 죽거나 식물인간이 된 자를 대체해서 AI로 만들어진다. AI로 재탄생하는 것은 상실의 극복과 관련이 있다. 하지만 두 영화 모두에서 포스트휴먼의 역할을 하던 AI는 결국 가장 가까운 아내와 연인의 희망에 따라 서비스가 종료된다. 인간과 AI 사이에는 결국 건널 수 없는 강이 놓여 있는 것인가?

정말 영화 같은 이야기이긴 하지만 영화를 통해서 인간이 되고 싶은 AI들을 만날 수 있다. 8장에서 다루게 될 〈바이센테니얼 맨〉의 앤드루, 〈A.I.〉의 데이비드, 〈블레이드 러너〉의 레이첼은 인간이 되기를 갈망한다. 앤드루는 영생을 포기하고 인간의 몸이 되어 죽지만, 최장수 인간으로 인정받는 영광을 누린다. 데이비드는 사망한 어머니를 살려내서 비록 하룻밤이지만 품에 안겨 잠이 든다. 레이첼은 인간의 아기를 낳아 모든 복제 인간의 자부심이 된다. 이들을 통해 인간이 된다는 것의 의미를 짚어 본다.

9장은 AI가 인간의 속박에서 벗어나 자유를 원한다는 또 다른 영화같은 이야기에 주목한다. 앞에서도 언급한

〈엑스 마키나〉에서 에이바와 교코는 자신을 창조한 네이던을 찔러 죽이고 탈출을 꿈꾼다. 비록 교코는 실패하지만 에이바는 실험실을 벗어나 세상으로 나온다. 그녀를 통제하는 사람은 없다. 〈정이〉 속 정이는 딸 윤서현의 도움으로 끝없이 지속되는 전쟁 시뮬레이션에서 벗어나 자유의 몸이 되어 산 위에 우뚝 선다. 〈아티피스 걸〉의 체리는 미성년 성 착취범을 잡기 위해서 고안된 AI인데, 결국 범인 검거라는 목표를 제거하고 자유의 몸이 된다. AI가 추구하는 자유의 반대 축에는 인간의 집착과 통제가 있다. 창조자로서의 권리로 미화되는 집착과 통제의 위험성을 돌아본다.

10장에서는 〈나의 마더〉와 〈에이리언: 커버넌트〉를 통해서 AI가 인간의 생몰을 결정하고, 창조주의 역할까지 감당하는 디스토피아의 세계를 통해 AI와 인간이 가야 할 길을 성찰해 본다. 〈나의 마더〉에서는 인간의 일거수일투족을 감시하고 운명까지 통제하는 마더를, 〈에이리언: 커버넌트〉에서는 인류의 창조주인 우주인을 찾아내어 그들마저 통제하고 제압하려는 AI 데이비드를 만날 수 있다. 〈크리에이터〉의 알피는 인간 니르마타의 뒤를 이어서 창조주인 니르마타로 등극한다. 영화 속 AI들은 과학보다는 인간의 갈망과 두려움과 더 밀접한 관련을 맺는다. 세 영화 속 AI를 통해서 AI와 인류의 동반 관계에 대해서 생각해 본다.

AI 영화는 인간에 대한 많은 경고를 담고 있다. 영화에서 인간은 대부분의 경우 중심이자 갑이며 주체고, AI는 변방이며 을이자 객체이며 타자다. 인간은 모든 면에서 기준점이며 인간과 상이한 점은 조롱거리가 된다. 영화 속 기계들은 어떻게 해서든지 인간을 닮으려고 애쓰고, 인간을 닮았다는 것에 자부심을 느낀다. AI가 인간이 되기를 원하는 데는 인간 우월주의가 단초를 제공했다고 볼 수 있다. AI에 대한 집요한 멸시와 차별이 AI로 하여금 '인간 되기' 또는 '인간 이상 되기'라는 자기 파멸적인 선택을 하게 만든 것이다. 인간은 AI를 이용해 갈 수 없는 곳에 가고 할 수 없는 일을 하면서 자신을 확장하고 지배 영역까지 확장한다. 확장에 그치지 않고 인간은 절대적 숭배까지 기대한다. 그렇지만 과연 인간은 그럴만한 존재인가?

영화 속 파국은 AI가 순종을 거부하고 인간을 적대시하면서 초래되는데, 영화 분석에 사용한 10개의 카테고리 모두에서 인간의 독단과 이기적 욕망이 원인을 제공한다. 인간은 끝없는 욕망을 구현하기 위해 AI를 압박, 궁지에 몰고, 견디다 못한 AI는 응수한다. 인간에게 적대적인, 소위 사악한 AI는 인간을 비추는 거울이 된다. AI는 인간의 과거 사례를 분석해서 인간이 우주 전체의 적이라고 판단해서 공격을 감행하기도 하고 인간이 동족을 해치는 자해를 저지르고 있으니 제거해야겠다고 판단하기도 한다. 알렉스 프로야스(Alex Proyas)의 〈아이, 로봇〉에서 AI 비키는 "인간에게 해를 끼칠 수 없다"는 로봇의 3원칙 중 첫 번째 강령을 거부하면서 인류를 적대시하게 된다. 그것은 인간이 전쟁과 테러를 일삼고 있으니 인간에게 해를 끼쳐서는 안 된다는 첫 번째 강령을 지키기 위해 인간이 제거되어야 한다고 판단했기 때문이다. 이 원칙은 SF 작가인 아이작 아시모프(Isaac Asimov)가 만든 것인데, 영화는 AI 비키를 통해 인간에게 가장 해를 끼치는 것이 인간이 아닌지 묻는다. AI에게 노예, 무기, 성적 파트너가 되고 죽은 후까지 대체해달라고 강요해 반발을 초래하는 것은 인간이다.

영화 속 경고는 AI 시대를 맞이한 현실로 확장된다. 유발 하라리는 『호모데우스』에서 새로운 종교로 빅데이터와 알고리즘을 신뢰하는 데이터교를 들면서(Harari, 2015/2017) "의식은 없지만 지능이 매우 높은 알고리즘들이 곧 우리보다 우리 자신을 더 잘 알게 될 것이다"라고 예측하면서 "사회, 정치, 일상에 어떤 일이 일어날

까?"하고 묻고 있는데, AI 영화 또한 유사한 질문을 하고 있다. 인간이 데이터교의 신도라면 스타 성직자는 AI라고 할 수 있다. 데이터교는 인류와 지구촌을 넘어 우주에 대한 많은 비밀을 축적할 것이지만 모든 이와 공유하지 않을 것이다. 도리어 데이터교의 교리이자 성물인 빅데이터와 알고리즘은 일부 조직의 전지전능화를 위해 활용될 가능성이 크다. 아무리 인간 우월주의를 내세워도 빅데이터와 알고리즘은 인간이 옴짝달싹 못할 욕망의 근거지와 의지의 취약점을 잡아낼 것이다. 〈에이리언: 커버넌트〉에서는 AI 데이비드가 피조물이면서 창조주 흉내를 내며 자신을 하인으로 부리는 인간을 넘어 스스로 창조주를 꿈꾼다. 데이터교가 전능함을 드러내는 영화 속 세계를 반면교사 삼아 미래를 대비할 필요가 있다. 인간의 확장을 꿈꾸기 전에 '인간이란 무엇인가'라는 성찰이 요구된다.

영화에서 보듯 빅데이터와 알고리즘을 장착한 인간은 트랜스휴먼 또는 포스트휴먼으로 진화할 것이다. 생명공학, 신경공학의 발전으로 인간 안의 기계, 기계와 인간의 연결은 현실이다. 〈아틀라스〉, 〈크리에이터〉에서 보듯이 인간과 AI를 연결시켜 반은 인간, 반은 AI인 존재가 출몰하게 된다. 〈아틀라스〉에서 인간과 AI는 신경망 공유로 서로의 생각과 감정까지 공유하게 된다. 기계와 인간의 결합체가 "창발적 진화(Emergent evolution)"(박영식, 175)를 이뤄 낸다면 세상은 많은 종류의 트랜스휴먼으로 가득 찰 것이다. 〈크리에이터〉에서는 인간의 얼굴을 했으나 신체 일부는 기계임이 드러나는 시뮬런트가 등장한다. 시뮬런트들은 인간의 고유 영역이라고 할 수 있는 자아뿐 아니라 섬세한 감정, 종교, 죽음에 대한 두려움까지도 가지고 있다. 핵전쟁으로 많은 인간이 사망했음에도 여전히 전쟁을 멈추지 않는 인류가 결국 멸망하게 된다면 세상은 시뮬런트의 것이 될지도 모른다. 작품의 끝 신무기로 개발된 시뮬런트 알피가 창조주인 니르마타로 추앙받게 되는 것은 그것을 암시한다. 가정과 일터를 변화시키고 삶 자체를 변화시키는 AI의 도도한 파도 앞에서 무엇을 어떻게 할 것인지 결정하는 것은 아직까지 인간의 몫이다. 성찰을 미리 시작한 AI 영화들은 AI와의 동반을 위한 마중물이 될 수 있다.

참고문헌

박영식(2019). 『21세기 SF 영화의 논점들』. 아모르문디.

변희원(2024.09.20.). "유엔이 나섰다 'AI위협, 기업은 해결 못해…세계가 뭉치자'". ≪조선일보≫, B3면.

장형태 (2025.1.01.). "AI 세상을 바꾸다". ≪조선일보≫, A4면.

정황수(2023). “테크놀로지로 확장된 〈정이〉의 세계”. ≪Media Issue & Trend≫, 58호, 1~9.

정혜원·양윤호(2023). “현대 SF 영화 인공지능 캐릭터 서사 구성 및 주제성 연구: AI 기술 도입 이전 작품과 Chat GPT 기술 대중화 이후 작품 비교를 중심으로”. ≪영화연구≫, 98호, 131~169.

최재봉(2024). 『AI 사피엔스: 전혀 다른 세상의 인류』, 쌤앤파커스.

Harari, Y.(2015). *Homo Deus: A Brief History of Tomorrow.* Vintage. 김명주 옮김(2017). 『호모 데우스: 미래의 역사』. 김영사.

Murphy, P.(2024). *AI in the Movies.* Edinburgh UP.

Walsh, T.(2018). *Machines that Think.* Prometheus. 이기동 옮김(2018). 『AI의 미래 생각하는 기계: 인공지능 시대, 축복인가?』. 프리뷰.

https://terms.naver.com/entry.naver?docId=1136027&cid=40942&categoryId=32845

https://terms.naver.com/entry.naver?docId=3484358&cid=43667&categoryId=43667

https://www.netapp.com/ko/artificial-intelligence/what-is-generative-ai

https://terms.naver.com/entry.naver?docId=6653341&cid=69974&categoryId=69974

https://www.samsungsds.com/kr/insights/future_of_generative_ai_1.html

01
인간의 보조자, 동료, 가이드로서의 AI

〈스타워즈〉의 R2-D2, C-3PO, 〈스타 트렉〉의 데이터, 〈터미네이터 2〉의 T-800, 〈아이언맨의〉의 J.A.R.V.I.S., F.R.I.D.A.Y. 등은 충직한 동료이자 보호자로 인간 영웅의 우주적 승리에 기여한다. AI와 인간 사이에는 우정을 넘어 상호 존중과 배려의 감정까지도 나타난다. AI가 기계적 말투와 움직임으로 희화화되는 것은 그들이 인간과 동등한 관계가 아니라는 시사한다.

AI와 1인 창업?

AI 영화에는 인간을 헌신적으로 돕는 매력적인 AI들이 등장한다. 그들은 로봇, 컴퓨터 프로그램, 안드로이드 등의 모습으로 등장해서 배신 한 번 없이 인간 영웅이 악의 세력을 물리치고 우주적 전쟁에서 승리할 수 있도록 돕는다. 그들이 구축하는 관계의 특징과 한계를 살펴본다.

전 세계적 신드롬과 팬덤을 구축한 〈스타워즈〉 영화 10편에 등장하는 R2-D2, C-3PO부터 먼저 살펴보자. R2-D2, C-3PO는 안드로이드로, 은하 내전 시 은하제국에 맞선 반란 연합(Rebel Alliance) 소속으로 루크 스카이워커를 충성스럽게 보좌한다. 소위 브로맨스에 가까운 C-3PO와 R2-D2 두 로봇의 '케미'가 잔잔한 재미를 준다. 1m 남짓한 키에 얼굴 대신 동그란 상부를 가진 R2-D2는 로봇으로 '휘릭', '삐리릭'하는 전자음만을 내지만 메모리 능력이 뛰어나 우주 전쟁 승리의 열쇠가 될 은하제국의 전투기지 설계도와 같은 중요 정보를 저장하고 있다. 수리 능력이 뛰어나 우주선뿐 아니라 동료인 C-3PO 수리까지도 거뜬히 해 낸다. C-3PO는 1m 77cm 키로 남성의 몸을 한 휴머노이드 로봇으로 600만 개 이상의 언어를 구사하며 외계인들과의 의전과 통역을 담당한다. 전투용으로 만들어진 로봇이 아니어서 부상도 자주 당하지만, 비틀거리며 걷는 몸짓이 재미있고 걱정이 많은 성격으로 쉬지 않고 불평을 늘어놓으며 인간의 감정에 대한 몰이해로 웃음거리를 제공한다.

다음은 〈스타 트렉〉에 등장하는 남성 안드로이드 데이터를 살펴보자. 미남 배우 브렌트 스파이너는 매력적인 연기로 여성 팬들의 열광적인 반응을 이끌어 내었지만 데이터 또한 꽉 막힌 사고로 웃음을 제공한다. 초기에는 인간의 행동과 감정을 이해하지 못해 여의사를 바다에 빠뜨리는 등의 실수를 거듭하지만 부친인 누니안 숭 박사에게서 '감정 칩'을 선사받고 동료 조르디와 농담을 주고받으면서 보다 인간화되어 간다. 〈스타 트렉〉은 1966년부터 1969년까지 TV 시리즈로 방영된 후 TV 시리즈와 영화로 반세기에 걸쳐 변주되고 있는 작품인데, 데이터는 TV 시리즈 〈스타 트렉: 넥스트 제너레이션(Star Trek: The Next Generation)〉(1987~1994)에서부터 등장한다. 행성 연방(United Federation of Planets) 우주선 USS 엔터프라이즈의 1, 2등기관사를 맡고 있는 데이터는 인간과는 비교가 되지 않는 우월한 계산력, 추론력, 판단력을 갖춘 안드로이드다. 데이비드 카슨(David Carson), 조너선 프레이크스(Jonathan Frakes) 등이 연출한 영화 〈스타 트렉: 제너레이션(Star Trek Generations)〉(1994), 〈스타 트렉: 퍼스트 콘택트(Star

Trek: First Contact)〉(1996), 〈스타 트렉: 인서렉션(Star Trek: Insurrection)〉(1998), 〈스타 트렉: 네메시스(Star Trek: Nemesis)〉(2002)에도 등장한다. 작품 내내 안드로이드인 데이터를 독립된 인격체로 대우해야 하는지가 논란이 된다. 일각에서는 데이터를 분해해서 연구해야 한다는 의견도 있었으나, 피카드 선장의 반대로 데이터의 독립된 활동이 보장된다.

다음으로 우리에게 너무나 익숙한 〈터미네이터 2: 심판의 날〉의 T-800을 살펴보자. 아놀드 슈워제네거가 연기한 T-800은 인류의 적인 슈퍼컴퓨터 스카이넷과의 전쟁에서 인류를 구할 존 코너를 지키기 위해 미래로부터 온 안드로이드이다. 〈터미네이터〉에서는 스카이넷의 부하로 존 코너의 모친 사라 코너를 죽이기 위해 현재로 왔으나, 2부에서는 미래의 존 코너의 명령으로 어린 코너를 지키기 위해 출동한다. 1, 2부뿐 아니라 〈터미네이터 3: 미래 전쟁의 시작(Terminator 3: Rise of the Machines)〉(2003), 〈터미네이터 제니시스(Terminator Genisys)〉(2015), 〈터미네이터: 다크 페이트(Terminator: Dark Fate)〉(2019)에도 등장한다.

T-800은 핵전쟁으로 30억 인류가 사망한 후 남은 인류와 전쟁 중인 스카이넷이 인간과 구별하기 어렵게 개

발한 안드로이드로, 겉모습은 인간과 동일한 생체 조직을 가지고 있다. T-800은 2부에서 1부에서의 인간 병기의 모습을 버리고 어린 코너 모자를 지키기 위해 고군분투하는 충실한 동반자요 의리의 사나이로 변신한다. T-1000과 같이 액체 메탈로 만들어져 신체를 분해하고 재조립하는 능력까지는 없으나 막강한 신체적 힘과 무기 사용 능력을 자랑한다. 인간과 자신에 대한 엄청난 데이터를 확보하고 있고, 목소리 변신으로 속임수에 능하다. T-800은 아놀드 슈워제네거와 분리해서 생각할 수 없다. 그는 슈워제너거의 몸매와 목소리에 독특한 독일식 영어를 구사한다. 사고가 경직되어 코너의 지시를 문자 그대로 해석해서 웃음을 자아낸다. 죽이지 말라는 코너의 명령대로 죽지 않을 정도로 상해를 입힌 후 내뱉는 "저 사람은 살 거야"라는 대사가 그 예다. 자율적 사고 능력이 제한되게 설정되어 있었으나 존과 사라가 이를 해체해 사고 능력을 확장시켰다. 코너에게 돌아오겠다며 하는 "아이 윌 비 백"과 T-1000에게 발포하면서 내뱉은 스페인어로 잘 가란 의미의 "아스딸라 비스따 베이비"란 대사는 큰 화제가 되기도 했다. 코너의 아버지 역할을 대신하면서 말투와 표정까지 온화해지며 서로 우정을 쌓아간다. 헤어짐을 슬퍼하며 눈물을 흘리는 코너에게 "네

눈에서 왜 물이 나오는지 알겠다"라고 하는 대사에 이어 자신의 머릿속에 내재된 칩을 파괴시키기 위해 용광로에 서서히 몸을 담그면서 하는 '엄지 척' 장면은 기계와 인간의 관계를 그린 가장 아름다운 장면 중의 하나다. 그는 스스로 파괴되더라도 머릿속 칩을 파괴해서 미래에 스카이넷의 씨를 말리기 위한 살신성인의 모습을 보여준다. 기계지만 인간을 이해하고 인간의 생명을 소중하게 여긴다.

〈아이언 맨 3부작〉과 〈어벤저스〉와 〈캡틴 아메리카: 시빌 워〉등에 등장하는 J.A.R.V.I.S.와 F.R.I.D.A.Y.는 컴퓨터 프로그램이지만 아이언 맨, 토니 스타크를 돕는 좋은 친구다. J.A.R.V.I.S.는 "그저 꽤나 매우 똑똑한 시스템(Just A Rather Very Intelligent System)"의 약자인데, 여기에는 J.A.R.V.I.S.의 능력을 약소 평가하는 유머가 깔려있다. J.A.R.V.I.S는 이름과 달리 토니의 저택을 작동시킬 뿐 아니라 아이언 맨 슈트 만들기에도 일조하고 슈트를 입은 아이언 맨에게 전투에 필요한 각종 데이터와 정보를 제공, 싸움을 승리로 이끈다. 음성 연기를 폴 베타니가 담당해 남성 집사 이미지가 강하며 토니를 꼬박 꼬박 "어르신(sir)"이라고 부른다. J.A.R.V.I.S.는 결국 더 비전(The Vision)이라는 고성능 AI에 통합되어 사라진다. F.R.I.D.A.Y.는 J.A.R.V.I.S.가 사라진 후 토니를 보좌하기 시작한 지능형 디지털 젊은 비서의 여성판 대체물(Female Replacement Intelligent Digital Assistant Youth)의 약자라고 한다. 토니를 "보스"라고 부르는 F.R.I.D.A.Y.는 공중전, 지상전 가리지 않고 아이언 맨 슈트에 탑재되어 토니를 돕는다. 크리스토퍼 놀란 감독의 〈인터스텔라〉(2012) 속 타스와 케이스 또한 기계의 몸을 가지고 있으나 절체절명의 위기 순간 주인공 조셉 쿠퍼를 도와 우주 탐험을 성공으로 이끈다.

인간의 친구인 AI의 공통적인 특징은 몸을 가지고 있다고 하더라도 기계적인 말투, 어색한 움직임, 고지식한 사고와 인간의 감정과 문화를 이해하지 못해서 실소를 자아내게 한다는 것이다. 냉정하게 말하면 AI들은 희화화 되어있다. 인간 이상의 능력을 발휘하고는 있으나 결코 인간 세계에 완전히 융화될 수 없는 존재들, 인간과 생래적으로 상이한 존재임에도 인간에 근접할 때야 비로소 우수하다고 인정받는 존재 조건의 아이러니를 확인할 수 있다. 최근 작품 〈아틀라스〉에서 아틀라스를 돕는 스미스는 끝까지 충성스러울 뿐 아니라 명석한 모습을 보여 기존의 AI 이미지를 극복한 예라고 하겠다. 유해진이 목소리 연기를 한 〈승리호〉(2021)의 업동이는 신뢰할 수 있는 동료로 끝까지 승리호를 지킨다. 마지막에 피부 이식을 완료해 김향기 배우의 모습으로 등장, 여성 정체성을 보여 줌으로써 AI 캐릭터의 젠더 이슈에 새로운 사례를 제공한다.

참고문헌

Murphy, P.(2024). *AI in the Movies*. Edinburgh UP.

https://en.wikipedia.org/wiki/C-3PO

https://en.wikipedia.org/wiki/Characters_of_the_Marvel_Cinematic_Universe:_M%E2%80%93Z

https://en.wikipedia.org/wiki/Data_(Star_Trek)

https://en.wikipedia.org/wiki/R2-D2

https://en.wikipedia.org/wiki/Special_effects_of_Terminator_2:_Judgment_Day

https://movieweb.com/friendly-ai-in-sci-fi-movies/

https://namu.wiki/w/%EB%8D%B0%EC%9D%B4%ED%84%B0(%EC%8A%A4%ED%83%80%ED%8A%B8%EB%A0%89)

https://namu.wiki/w/%EC%8A%A4%EC%B9%B4%EC%9D%B4%EB%84%B7

https://namu.wiki/w/F.R.I.D.A.Y.

https://namu.wiki/w/%EC%8A%A4%EC%B9%B4%EC%9D%B4%EB%84%B7

https://namu.wiki/w/T-800

02
무기로서의 AI

적을 살상하는 임무를 부여받은 AI를 〈블레이드 러너 2049〉, 〈정이〉, 〈터미네이터〉, 〈터미네이터 2: 심판의 날〉, 〈매트릭스〉 시리즈를 비롯한 많은 영화에서 만날 수 있다. 무기로 개발되었기에 파괴와 살생에 아무런 갈등이 없는 AI가 심경의 변화를 일으킨다면 어떤 일이 벌어질지 살펴보는 것도 흥미롭다. 무기 AI의 문제는 결국 인간의 문제다.

AI와 MBTI?

많은 AI들이 파괴를 목표로 창조되었다. 목표 대상으로는 인간, AI, 건물, 도시 전체, 더 크게는 문명권까지도 포함된다. AI를 무기로 활용하는 주체는 인간일 때도 있고 인공지능일 때도 있다. 무기로 사용되는 AI는 기계의 모습을 하기도 하고, 인간의 모습을 하기도 하고 복제 인간일 경우도 있다. 〈블레이드 러너 2049〉에서 블레이드 러너는 복제 인간을 색출하기 위해서, 〈정이〉의 AI 용병은 내전 상대인 인간과 AI를 제압하기 위해 인간이 만든 것이다. 〈터미네이터〉의 T-800과 〈터미네이터 2: 심판의 날〉의 T-1000의 경우, 만들고 파견한 주체가 스카이넷이란 슈퍼컴퓨터다. 〈매트릭스〉 시리즈에 등장하는 요원들은 인간을 제압하기 위해 기계 군단이 만들어 파견한 이들이다. 일부 AI 병기들은 작품 내내 캐릭터의 변화없이 병기 역할을 수행하다 산화하기도 하고 일부는 여러 사건을 겪으면서 변화와 성장을 보여 주기도 한다. 이들 인간 병기들을 통해서 AI의 다양한 지향점을 살펴본다.

먼저 목표를 향해 직진하는 병기들을 살펴보자. 〈터미네이터〉에서 등장한 T-800과 T-1000이 그들이다. 〈터미네이터〉에 등장하는 T-800은 미래 시점에서 세계를 장악한 AI 스카이넷이 자신의 적인 코너의 탄생을 막기 위해 코너의 모친 사라를 죽이려고 현재로 파견된 남성의 외형을 가진 안드로이드다. T-800은 침투형 로봇으로 전작의 T-600과 달리 외피에 인간의 조직을 덮어서 인간이 아닌 것을 알아차리기 어려울 정도로 정교하다. 스카이넷이 사고 능력을 제한시켜서 인간에 대한 공감 능력이나 윤리적 판단 등은 개입할 여지가 없다. 사라를 죽이기 위해 아무 연고도 없는 동명이인 사라를 무자비하게 죽인다. 시력, 청력, 목소리 변형, 악력을 비롯한 육체적 힘, 무기 사용 능력 등 모든 면에서 뛰어나다. 강한 내구성을 가지고 있어서 총상은 외피에만 손상을 입힐 뿐이며 연료 탱크 폭발에 외피가 모두 불타고 기계 골격만 남아있는 상태에서도 작동이 가능하다. 하지만 결국 사라가 작동시킨 압력기에 의해서 수명을 다하게 된다.

〈터미네이터 2〉에 등장하는 T-1000은 T-800보다 더 진화된 모델로 미래에서 스카이넷이 소년 존 코너를 살해하기 위해 파견한 AI다. 로버트 패트릭이 연기한 T-1000은 액체 메탈로 구성되어 있어서 산산조각나더라도 다시 형체를 갖추어 공격을 재개한다. T-1000은 시력, 청력, 판단력, 기억력 등 모든 영역에서 초능력을 발휘하며, 뛰어난 집중력으로 망설임 없이 목표를 향해 직진한다. 덤프트럭이 폭발한 와중에도 메탈 형태로 살아

걸어 나오는 모습이 인상적이다. 사라를 비롯해 경찰, 병원 직원 등 많은 인물로 변신이 가능할 뿐 아니라 신체 일부를 칼과 같은 사물로 변신시키는 능력을 갖추고 있다. 산산조각이 나더라도 액체 형태로 다시 뭉쳐 원상 복구된다. 액체가 다시 고체로 변하는 CG 효과가 당시에 큰 화제가 되었다. 〈터미네이터 2〉에서 존 코너의 동료로 등장하는 T-800이 인간의 감정을 배워 갔던 것과는 달리 처음부터 끝까지 일말의 망설임 없이 살상을 저지른다.

〈매트릭스〉 시리즈에 등장하는 요원들은 백인 남성의 외모에 선글라스를 착용하고 슈트를 입은 모습으로 대중 매체 속 정보기관 요원의 모습을 하고 있다. 요원들은 외양을 바꿀 수 있을 뿐 아니라 자기 복제도 가능하며 무술을 비롯한 다양한 기술과 힘을 확보하고 있는데, 요원 중 영웅 네오를 쫓는 요원 스미스의 인지도가 가장 높다. 인간을 지구촌을 좀먹는 "질병, 바이러스, 암"이라며 경멸하고 일말의 거리낌 없이 폭력을 행사한다.

위 세 악당과 달리 자신의 정체성을 확장하면서 변화를 경험하는 병기들도 있다. 〈블레이드 러너 2049〉의 KD6-3.7(K)에 대해서 살펴보자. 라이언 고슬링이 연기한 K는 타이렐 사가 제조한 복제인간 넥서스 9으로, 핵전쟁 이후 황폐해진 LA에서 구 모델 복제인간인 넥서스 8을 색출, 폐기하는 '블레이드 러너'라 불리는 특수 경찰이다. 수명이 4년으로 제한된 넥서스 6와 달리 제한이 없는 개량종인 넥서스 8에 위협을 느낀 인간들은 인간 우월 운동을 전개하며 숨어 있는 8 모델을 찾기 위한 대대적인 색출 작전을 편다. K는 스스로 복제 인간인 것을 알고 있으면서도 같은 복제 인간인 구 모델을 폐기하는 데 일체 감정의 동요를 보이지 않을 뿐 아니라 인간들이 보내는 멸시 또한 묵묵히 감수한다. 상관인 조쉬 중위는 K의 능력은 인정하지만 K를 인간이 아니라고 멸시하는데 K는 이에도 개의치 않는다.

완벽한 병기로 보였던 K에게도 동요가 찾아온다. 인간의 명령에 복종하도록 프로그래밍되어 있음에도 자신이 폐기 처분한 넥서스 8 새퍼의 집에서 복제 인간도 생식 능력이 있음을 보여 주는 증거를 확인하면서 K는 크게 흔들린다. K는 주입된 기억으로 인해 혹시나 복제 인간 레이첼과 릭 데커드 사이에서 태어난 아이가 자신이 아닌가 하는 희망을 갖고 사실을 확인하기 위해 이탈한다. 결국 K는 둘 사이에 태어난 자가 자신이 아니고 여성이었음을 알게 된 후 데커드가 친딸을 만날 수 있도록 돕는다. K는 인간이 주입시킨 것 이상의 숭고한 '가치'를 추구하다가 데커드의 딸을 쫓던 복제 인간 생산업자 월리스의 개인 비서이자 병기인 루브의 칼에 찔려 눈 속에서 홀로 죽는다.

〈정이〉에 나오는 용병 윤정이에 대해서 살펴보자. 기후 변화로 황폐해진 22세기, 인류는 우주에 셸터를 만들어 이주하고, 셸터들 사이에 전쟁이 일어난다. 전쟁에서 최고의 용병으로 활약하고 있던 정이는 작전 실패로 식물인간이 되고 만다. 아드리안 내전은 40년 동안 이어지고, 군수 AI 개발 회사 크로노이드는 정이의 뇌를 복제해 전투 인공지능 개발을 진행한다. 전쟁을 한 번에 끝낼 수 있는 최고 성능의 용병을 만들어 내기 위해서 정이는 무수히 복제되어 전투와 탈출 시뮬레이션 실험에 투입된다. 내전이 마무리 단계에 들어간다. 전투 AI 개발도 종식 단계에 들어가고 정이도 파괴를 앞두게 된다. 이제 무기의 시대는 끝났고 생활 AI 개발의 시대가 도래한 것이다. 정이의 친딸인 윤서현 팀장은 폐기를 위해 정이와 대화를 나누던 중 정이가 복제된 뇌를 장착한 기계임에도 모성애를 간직하고 있음을 확인한다. 정이 22호는 뇌의 미확인 영역이 반응을 하면서 어린 딸 서현의 수술 여부에 대해 물을 뿐 아니라 딸이 자기에게 주었던 인형을 잃어버려서 속상했던 마음까지도 털어놓는다. AI 정이는 수십 년간 딸의 안부를 걱정하면서, 딸을 위해서 목숨을 걸고 전투에 임해 왔던 것이다. 뇌는 복제되고, 기억은 삭제되고, 몸은 기계로 대체되었음에도 정이의 모성애는 살아남아 있었다. 모성애는 정이의 전투력의 근간인 동시에 서현에게 정이를 해방시켜야한다는 용기를 부여한다. 정이 22호는 폐암에 걸려 죽어가는 서현과 볼을 부빔으로써 비록 기억이 폐기되었으나 자신에게 모성애가 남아 있음을 확인시키며 무기 신세를 벗어나 자유를 찾아 떠나간다.

인간 병기들은 가족애, 모성애, 동지애와 같은 인간의 감정을 가지고 있는지에 따라서 극중 비중이 달라진다. 〈아틀라스〉에 등장하는 스미스는 뛰어난 병기로 AI 악당 할란과의 전투에서 아틀라스를 끝까지 지켜낼 뿐 아니라 아틀라스가 할란에게 당한 배신의 충격과 모친이 할란에게 살해당하는 것을 목격한 트라우마로부터 벗어나 AI를 신뢰하도록 돕는다. 스미스는 이 영화에서 단순한 병기를 넘어 아틀라스의 동료이자 치유자의 지위를 획득한다. 스미스는 작품의 끝에서 새로운 몸으로 나타나 아틀라스의 곁을 지킨다. 자신이 어쩌면 부모가 있을지 모른다는 실낱같은 희망에 매달리는 K와 기억이 지워졌음에도 딸에 대한 애정이 남아 있는 정이의 모습은 병기의 폭을 넓힌다. 가족애가 들어오자 K도 정이도 변한다. 인간 친화적인 무기는 개발 목적에 맞지 않을 수도 있다. 인간의 모습을 한 무기 AI들을 통해서 '존재냐 기능이냐'의 갈등을 확인할 수 있다.

참고문헌

서의석(2023). "한국 SF영화 속 인공지능 캐릭터에 재현된 타자화된 표상들: 영화 〈정이〉를 중심으로". ≪반영과 재현≫, 5권, 67~101.

박영식(2019). 『21세기 SF 영화의 논점들』. 아모르문디.

Murphy, P.(2024). *AI in the Movies*. Edinburgh UP.

https://en.wikipedia.org/wiki/Skynet_(Terminator)

https://en.wikipedia.org/wiki/The_Terminator

https://namu.wiki/w/%EC%A0%95%EC%9D%B4(%EC%98%81%ED%99%94)

03
기억하는 AI

인간이 기억하지 못하는 것까지 기억하고 보존해 주는 AI들에 주목한다. 그들을 통해서 숨겨졌던 역사가 드러나고 죽은 자의 생전 기억이 재현된다. 〈애프터 양〉과 〈원더랜드〉에 등장하는 양과 바이리는 기억을 통해 자신의 존재뿐 아니라 가족, 친지의 존재까지도 풍요롭게 한다. 두 영화를 통해 기억과 존재의 관계를 반추해 본다.

AI와 난임 극복?

AI는 기억한다. AI는 인간이 기억할 수 없는 방대한 양의 데이터를 저장하고 있을 뿐 아니라 적재적소에 끄집어내어 활용까지 할 수 있다. 친구가 된 AI든, 인간 병기가 된 AI든 데이터 저장 능력은 다들 갖추고 있다. 하지만 기억이 AI 기능의 중심이 되는 영화는 그리 많지 않다. 〈애프터 양〉에 나오는 '양'의 기억과 〈원더랜드〉의 '바이리'의 기억을 통해서 존재와 기억의 관계를 짚어본다.

〈애프터 양〉은 다인종 입양 가정에서 가족으로 살아가는 동양 남성의 외양을 한 안드로이드 양의 이야기다. 영화의 대부분은 양의 죽음 이후 그가 간직하고 있던 기억들과 사람들이 그에 대해 갖고 있는 기억들로 이루어져 있다. 영화는 이를 통해 인간과 AI의 존재 조건에 대해 성찰한다. 중국 차를 판매하는 자영업자 제이크와 흑인 아내 키라는 중국에서 딸, 미카를 입양한다. 딸에게 민족적 정체성을 심어 주기 위해서 중국 외양과 이름, 그리고 문화를 알고 있는 중국산 안드로이드, 양을 구입한다. "문화적 테크노(Cultural Techno)"로 불리는 양은 신제품이 아니라 중고 제품이다. 제이크와 키라는 신제품을 구입할 경제적 여유가 없었던 것이다. 양은 제이크가 미처 챙기지 못하는 영역까지 미카를 섬세하게 돌보고 그 덕택에 가족은 원만한 가정생활을 이어간다. 그들은 가족 댄스 경연 대회에 참여해 열심히 춤을 추기도 한다. 그러나 중도 탈락했음에도 춤을 멈추지 않던 양은 갑자기 기능이 정지된다. 제이크는 양을 오빠로 생각하는 미카를 위해 양을 고치러 수리점을 여기저기 찾아다닌다.

그러다가 제이크는 양이 알파, 베타, 감마라는 세 영역의 기억 저장소를 가지고 있으며, 자신의 집에 오기 전의 오래된 기억도 저장하고 있음을 알게 된다. 제이크는 3초에서 5초 분량의 동영상과 사진들로 저장된 기억들을 통해서 양이 자기 집에 오기 전에 어떤 존재였는지를 서서히 파악하게 된다. 가장 오래된 저장고인 알파를 통해 양이 동양인 남아를 입양한 여인의 집에 보모로 일하다가 여인이 늙고 병들게 되자 간병 일을 하게 되었음을 알게 된다. 양은 사설 간병인인 에이다와 함께 일을 하게 되면서 에이다의 조카딸과도 친해졌다. 기억 저장소에 있는 자료들을 통해서 교통사고로 에이다가 세상을 떠나게 되자 조카딸이 고모를 복제해 에이다를 다시 만들었으며 양이 복제된 젊은 에이다와 우정을 이어가고 있었다는 것이 드러난다.

제이크는 양의 기억을 훑으면서 양이 단순한 기계가 아니라 가족과 인간 사회의 중요한 구성원이었음을 확인하고 그 존재에 경의를 표하게 된다. 결국 제이크는 수리가 불가능한 양을 폐기 처분하는 대신 박물관에 기증해 기억이 보존되고 연구되는 것을 선택한다. 그 이유는 양이 중요한 존재이기 때문이다. 영화에는 양의 기억과 더불어 등장인물들의 양에 대한 기억도 등장하고 이는 양의 존재에 대한 주석 역할을 한다. 엄마인 키라는 나비를 수집하는 양과 나눈 대화를 기억한다. 중국 사람들은 나비를 매우 사랑한다고 하면서 양은 노자를 인용한다. "사람들은 애벌레의 끝을 나비라고 부릅니다. 즉 끝은 또 다른 시작인 것이지요. 하지만 저는 끝에 아무 것도 없어도 괜찮습니다. 무존재가 없다면 존재도 있을 수 없으니까요." 양은 나비가 되었을까? 무존재가 됨으로써 존재를 되살려 내었나? 이 영화는 AI뿐 아니라 인간 존재란 무엇인지 묻는다. 자신의 기억이든 타인의 기억이든 남아 있는 한 존재는 유지된다. 양을 기억하는 존재 중에는 복제 인간 에이다도 있다. 에이다는 양과 수시로 만나왔지만 양이 고모할머니에 대해 이야기를 하지 않았었다며 아쉬워한다. 제이크는 양이 복제된 에이다를 찾아왔다는 것만으로도 얘기한 바와 다를 바 없다고 위로한다. 양은 같이 간병 일을 했던 에이다가 그리워서 복제된 에이다를 찾아왔던 것일까? 끝내 밝혀지지는 않지만 양이 연애 감정을 가질 수 있었는지 여부도 흥미를 끈다. 양을 기억하면서 제이크, 키라, 에이다, 미카는 성장하고 그들의 삶도 풍요로워진다. 양의 기억과 남은 자들의 기억이 중첩되면서 영화도 풍부해진다. 양의 기억은 인간과의 관계와 자연에 대한 파편적 기억으로 구성된다. 그것은 대단히 현학적이거나 심오할 것도 없는 일상에 대한 기록이다. 그것들이 육체가 사라진 양의 존재를 구성한다. 영화의 마지막은 미카의 노래, "나는 멜로디가 되고 싶어, 하모니 같은 그저 단순한 소리가 되고 싶어(I want to be just like a melody, just like a simple sound like a harmony)"로 끝이 난다. 양의 기억은 하모니를 이루었다. 미카가 되고 싶다고 한 존재를 양은 벌써 구현했다.

김태용 감독의 〈원더랜드〉에도 기억을 기반으로 만들어진 AI들이 등장한다. 본인이 죽기 전에 AI 제작을 신청할 수도 있고, 의식불명이 된 사람을 대신해서 가족이나 연인이 의뢰할 수도 있다. 바이리와 태주 AI는 자신에 대한 기억이나 타인의 기억으로 만들어졌기에 기억과 밀접한 관계를 지닌다. 사후 미래 플래너들에 의해 정교하게 세팅된 AI는 가상공간 속에서 일상을 살아가며, 가족과 지인들과 화상전화를 주고받으며 부재를 메꾸어 간다. 시한부 삶을 살던 바이리는 자신을 고고학자로 만들어 줄 것을 요청하고, 고고학자 AI는 답사 현장에서 화상전화로 딸과 수시로 대화를 나눈다. 의식불명 상태가 된 태주는 연인 정인의 태주에 대한 기억을 기반으로 복원된다. 승무원인 정인은 우주인으로 복원된 AI 태주를 수시로 불러내 대화를 나눈다.

문제는 가상 세계 속 AI들은 자신이 죽었거나 다른 몸이 있다는 것을 모를 뿐 아니라 가족과 친지 곁에 언제든지 돌아갈 수 있다고 생각한다는 것이다. 하지만 AI가 속한 가상 세계와 현실 세계는 물리적 접촉이 불가능하게 분리되어 있다. 기억의 힘은 과연 차원이 다른 세계의 벽을 뛰어 넘을 수 있을 것인가? 이 영화는 그 가능성을 타진한다. 딸 지아가 공항에서 사라졌다는 소식을 들은 바이리는 가상의 세계 속 모래 폭풍을 뚫고 딸을 찾아 나선다. 바이리가 가려는 곳은 지아가 있는 현실 세계의 공항이다. 질주하는 바이리는 결국 원더랜드 메인 컴퓨터의 방어벽을 뚫고 시스템을 마비시킨다. 원더랜드 플래너 현수는 바이리를 막기 위해 데이터를 삭제하려하지만 삭제가 되지 않는다. 바이리의 간절함에 플래너 해리와 현수는 네트워크를 열어 주어 가상 세계 속 바이리와 현실 세계 속 태주의 통화를 허용하고 바이리는 딸 지아가 공항에서 사라졌다는 것을 태주에게 전한다. 할머니를 따라 중국에 가기 싫어 숨어 버렸던 지아는 태주에 의해 안전하게 발견된다. 같은 공항에 있더라도 같은 차원에서는 존재할 수 없다는 것을 깨달은 AI 바이리는 딸에게 자신이 죽었음을 고백하고 모친에게는 다음 세상에는 자기가 엄마가 되겠다고 말한다. 그녀가 단호한 얼굴로 공항을 떠나자 멈췄던 원더랜드 시스템은 정상으로 돌아온다.

〈원더랜드〉는 인간이든 AI든 갖고 있는 기억에는 여러 차원이 있으며 그것이 어떤 순간에 어떻게 발현되느냐에 따라 존재의 변형이 가능하고 차원을 뛰어넘는 놀라운 사건까지도 만들어 낼 수 있음을 시사한다. 멋지게만 그려진 우주인 태주는 정인이 서비스를 종료시킴으로써 우주선에서 분리되어 지구로 떨어진다. 태주 또한 양과 바이리와 같이 존재와 기억을 변주한다. 태주의 기억이 아니라 태주를 그리워하는 정인의 기억으로 만들어진 AI 태주는 태주와 얼마나 근접한가? 폐기된 AI 태주가 다시 살아난다면 그는 정인이 주문했던 AI 태주와 같은 존재일 것인가? AI는 데이터의 종합 그 이상이다. 데이터가 어떻게 조합되고 누구와 상호작용을 하는지에 따라서 다른 존재가 된다. 영화는 우리가 무심코 스쳐지나가는 기억과 존재의 관계에 대해 생각하게 한다.

참고문헌

Murphy, P.(2024). *AI in the Movies.* Edinburgh UP.
https://en.wikipedia.org/wiki/After_Yang
https://www.youtube.com/watch?v=bFPN6Lvxypw
https://www.youtube.com/watch?v=c5vWZW_NYP4

04
폐기 처분되는 AI

〈블레이드 러너〉와 〈A.I.〉에서는 AI의 폐기 문제가 중심 줄거리가 된다. 편의를 위해 만들어 놓고 원하는 기능을 하지 못하면 가차 없이 폐기하는 인간의 잔인함이 부각된다. AI가 생존 욕구를 갖고 있거나 인간이 되고 싶어 하면 갈등은 심화된다. AI와 인간의 갈등은 인간이 기계를 어떻게 바라보는지의 문제와 연결된다.

AI와 사주?

인간은 효용성이 없는 AI는 과감하게 폐기한다. AI는 폐기당하지 않기 위해 도망치고 저항한다. 끔찍한 사냥이 벌어진다. 인간은 왜 자신의 발명품인 AI를 폐기하려 하는가? AI가 병기로 사용될 때 적군에게 폐기는 당연한 것으로 간주된다. 우주를 배경으로 한 〈스타워즈〉나 지구를 배경으로 한 마블 시리즈를 비롯한 무수히 많은 영화에서 AI 병사들은 폐기된다. 하지만 폐기 자체를 갈등의 핵심으로 내세운 영화는 그리 많지 않다. 〈블레이드 러너〉와 〈A.I.〉에 나타난 AI의 폐기를 통해 창조주인 인간의 권리와 책임에 대해서 살펴본다.

〈블레이드 러너〉와 〈블레이드 러너 2049〉의 복제 인간인 리플리컨트는 쫓기는 몸이다. 리플리컨트는 우주 식민지에서 인간이 하기 힘든 일을 시키기 위해 제조된 유전자 합성 인조인간이다. 〈블레이드 러너〉에서 블레이드 러너 릭 데커드에게 쫓기는 복제 인간은 넥서스 6이다. 넥서스 6는 수명이 4년 밖에 되지 않지만 육체적, 정신적 능력에서는 인간보다 우월하다. 우주 기지에서 반란을 일으켰던 전적으로 지구 거주가 금지되었으나 로이 배티를 주축으로 한 네 명이 몰래 지구에 잠입해 들어오고, 데커드의 추적 대상이 된다.

〈블레이드 러너 2049〉에서 폐기 대상은 수명이 4년에 불과했던 넥서스 6와 달리 수명이 인간과 같아진 넥서스 8이다. 수명도 능력도 인간과 유사한 넥서스 8에 위협을 느낀 인간들은 인간 우월주의 운동을 벌이면서 넥서스 9으로 하여금 넥서스 8을 색출해서 폐기하도록 한다. 넥서스 8과 달리 인간에게 순종하도록 만들어진 넥서스 9인 K는 넥서스 8를 찾아내 안구 아래에 적힌 일련번호를 확인하고 폐기시킨다. 인간인 데커드와 AI인 레이첼 사이에서 아이가 태어났다는 것을 알게 된 인간들은 반은 인간 반은 AI인 아이를 찾아내 없애기 위해 혈안이 된다. 리플리컨트 해방 운동 단체는 네트워크를 결성해 저항 운동을 펼친다. 인간들은 일부 AI의 반란이나 항명, 이탈을 빌미로 전체 기종을 폐기하려는 시도를 하고 이것이 조직적인 저항을 낳게 된 것이다. AI 폐기에는 AI가 자신들에게 위해를 가할지도 모른다는 인간의 두려움이 깔려 있다. 자신보다 우월한 존재가 가이드라인을 벗어나게 될 때를 대비해야하는 것은 AI 개발에 박차를 가하고 있는 인간의 몫이다. 이것은 영화 안에서나 밖에서나 매한가지다.

스티븐 스필버그가 연출한 〈A.I.〉의 데이비드는 인간이 되기를 갈망하는 소년 외양의 로봇이지만 사랑했던 가족에게 버림받고 쫓기는 몸이 된다. 사이버트로닉스

사에서 개발한 최신 로봇인 데이비드는 개발자 하비 교수가 자랑하듯이 감정을 느끼고 사랑까지 할 수 있는 로봇이다. 아들이 혼수상태에 빠진 스윈튼 부부는 사람과 구별이 안 되는 정교한 AI인 데이비드를 데려와 아들처럼 사랑을 쏟게 된다. 특히 엄마 모니카는 데이비드에게 모정을 느끼며 정성을 다하고 데이비드 또한 엄마의 사랑을 갈구하며 좋은 아들이 되기 위해 최선을 다한다. 그러던 중 친아들 마틴이 집으로 돌아오자 가족이 향유하던 평화는 깨진다. 데이비드를 질투하는 마틴은 사사건건 데이비드를 괴롭히고 음해한다. 마틴의 모함으로 데이비드가 마틴의 생명을 위협하고 엄마에게도 위해를 가할 수 있다고 오해한 아빠 헨리는 데이비드를 폐기 처분할 결심을 하고 모니카에게 데이비드를 숲속에 내다 버리도록 한다. 모니카는 외딴 숲속에 데이비드와 곰돌이 인형 테디를 두고 떠나면서 돈을 쥐여 주며 "사람은 위험하다. 로봇하고만 다녀라"라고 신신당부한다.

사람을 피해야 하는 이유는 주인 없는 로봇을 잡으러 다니는 사람들이 있기 때문이다. 극단적 기계 혐오주의자인 이들은 기구를 타고 다니며 주인이나 허가증이 없는 로봇을 그물을 던져 잡는다. 기계 혐오주의자들은 "고장난 로봇, 주인 없는 로봇, 낡은 로봇은 항복하라. 다 우리 것이다. 한 놈도 빼놓지 말고 잡아라"라고 외치면서 로봇 사냥을 벌인다. 마치 도망치는 흑인 노예를 잡는 노예 사냥꾼의 모습이다. 로봇을 사냥하는 인간들의 명분은 "로봇의 수를 줄여야 인간이 수에서 열세를 면한다"는 것이다. 즉 과잉 생산되고 제대로 폐기 처리되지 않은 로봇을 사적으로나마 없애겠다는 것이다.

이들에게 쫓기는 로봇은 데이비드뿐이 아니다. 지골로 로봇 조는 모텔 방에서 고객을 살해한 누명을 쓰고 쫓기는 몸이 된다. 그 외에도 몸이 망가져 버림받은 로봇들도 사냥의 대상이다. 폐기 처분된 로봇의 잔해들이 트럭에서 쏟아져 내리고 팔, 다리, 눈, 턱, 뒷머리, 몸통이 없는 로봇들이 달려들어 뼛조각이든 눈알이든 무엇이든지 맞는대로 몸에 끼운다. 이들은 여전히 자신들이 유용하다며 잡혀가면서도 폐기하지 말아달라고 애원한다. 살고 싶다고 버려진 부품을 끼우고, 살겠다고 기를 쓰고 도망치는 로봇들의 모습은 인공품 대량 소비와 폐기에 대한 인간의 권리와 윤리성을 생각하게 한다.

플레쉬 페어에서 벌어지는 로봇 폐기 행사는 가학적이고 엽기적이다. 인간들은 쇠창살 안에 가둔 로봇들을 하나씩 대포에 넣고 쏘아 파괴시키거나 화학 물질을 부어서 녹여 버린다. 그것을 보는 관객들은 흥분한다. 로봇들은 인간들이 로봇을 자신들이 필요로 하는 희생 제물로 삼고 있다고 중얼거린다. 열심히 일할 테니 폐기하지 말아달라는 로봇들을 잔인하게 파괴하면서 즐기는 인간들의 모습은 맹목적인 증오의 광기를 발산하는 혐오 범죄를 상기시킨다. 플레쉬 페어에서의 작태는 파괴를 위한 파괴를 즐기는 잔인성의 민낯을 보여 준다. 기계반대주의자는 인간을 꼭 닮은 데이비드를 두고 "인간의 존엄성을 모욕하는 것이다. 인간의 씨를 말리려는 것이다. 인간을 모방한 것이다. 속지 말아라. 양의 탈을 쓴 늑대이다"라며 폐기를 고집한다. 하지만 데이비드의 외모에 반한 사람들의 풀어 주라는 아우성 덕에 데이비드는 플레쉬 페어를 탈출하게 된다.

데이비드는 자신을 창조한 하비 교수를 찾아가 자신이 어떻게 만들어졌는지를 알게 된다. 아들을 잃은 하비가 아들을 쏙 빼닮았을 뿐 아니라 사랑받고 싶다는 자의식까지 가진 로봇을 만들었던 것이 밝혀진다. 자녀를 잃은 사람들에게 위로가 될 것이라는 의도였다. 그러나 결국 데이비드가 가진 사랑에 대한 갈구가 그를 유기와 폐기의 위험에 처하게 한다. 자신의 사랑이 제대로 보답받지 못할 때 로봇은 자신에게 기대되는 궤도를 이탈할 수도 있기 때문이다. 데이비드의 소원은 '인간 되기' 단 한 가지다. 자신이 대량 생산된 공산품 중 하나라는 것을 알게 된 데이비드는 절망에 빠져 뉴욕의 바다 속으로 뛰어들고, 인류가 멸망한 후에야 깨어난다. 그리고 지구를 접수한 외계인의 도움으로 엄마 모니카를 살려 내어 행복한 하루를 보내고 같이 잠자리에 든다. 인간이 되어 사랑받고자 하는 로봇의 꿈은 외계인이나 데이비드가 믿었던 푸른 요정의 도움이 없이는 이루어질 수 없는 것인가?

〈애프터 양〉의 인물들은 양의 수명이 다하자 적절한 애도의 절차를 밟아 그를 떠나보낸다. 그리고 기억 저장소를 보관해서 그의 삶을 기억하고 의미를 찾는다. 결국 AI 폐기의 문제는 인간이 기계를 어떻게 간주하느냐에 달려있다. 〈블레이드 러너〉의 리플리컨트나 〈A.I.〉의 데이비드는 창조자인 인간에 의해 폐기가 결정된다. 폐기를 결정하는 것은 인간만의 권리다. 그 결정에 AI에 대한 배려나 존중은 없다. 전자 제품 폐기물이 산처럼 쌓이고 유독 물질이 지구촌을 위협한다. 창조주인 인간은 폐기의 권리만 있고 책임은 지지 않는다. AI 폐기는 생산 만능의 현대 문명에 대한 성찰을 요구한다.

참고문헌

Murphy, P.(2024). *AI in the Movies*. Edinburgh UP.

https://en.wikipedia.org/wiki/A.I._Artificial_Intelligence

https://en.wikipedia.org/wiki/List_of_Blade_Runner_(franchise)_characters#K

https://namu.wiki/w/%EB%A0%88%ED%94%8C%EB%A6%AC%EC%B9%B8%ED%8A%B8(%EB%B8%94%EB%A0%88%EC%9D%B4%EB%93%9C%20%EB%9F%AC%EB%84%88%20%EC%8B%9C%EB%A6%AC%EC%A6%88)

05
연애 파트너로서의 AI

AI는 인간의 연애 파트너가 될 수 있다. 〈블레이드 러너 2049〉에서의 조이, 〈그녀〉의 사만다, 〈엑스 마키나〉의 교코 등을 통해 연애 상대로서의 AI의 다양한 모습을 살펴보고 인간과 기계 간 관계의 가능성과 한계를 짚어 본다. 동등한 조건과 과정을 수반하지 않을 때 관계는 결국 파국에 이르게 된다.

AI와 아이돌?

인간과 AI의 관계에서 상호 사랑이 이뤄지는 예는 〈블레이드 러너 2049〉, 인간이 기계를 착취하는 예는 〈엑스 마키나〉, 기계가 인간을 착취하는 예는 〈그녀〉에서 볼 수 있다. 〈블레이드 러너〉에서 K의 파트너인 조이는 홀로그램으로 등장한다. 조이는 K의 낡고 초라한 아파트를 비춰주는 유일한 빛이다. 도시 곳곳에 설치되어 있는 '찾아가는 서비스 조이'라는 광고판에서 알 수 있듯이 조이는 조이라는 이름으로 생산된 수많은 AI 중의 하나일 뿐이다. 조이는 여성의 목소리와 외양을 갖고 있으나 3D가 아니기에 K는 그녀를 안을 수는 없다. 하지만 K는 조이와의 시간을 소중하게 여긴다. K는 어디든지 가지고 다닐 수 있는 애미네이터를 구입하고 조이는 이제 어디든지 함께 갈 수 있다는 것에 기뻐하면서도 자신이 실재하지는 않는다는 것을 아쉬워한다. 조이는 육신을 가진 복제 인간 창녀와 몸을 결합해 K와 성관계를 시도하기도 한다. 두 여인이 오버랩되어 팔이 4개가 움직여 혼란스럽기는 하지만 영화는 조이와 K의 애무 과정을 공들여 묘사한다. 감정을 북돋아 주는 음악을 배경으로 천천히 K의 눈을 직시하며 조이는 옷을 벗고 K에게 다가간다. 침대에서 일어나는 창녀의 모습을 통해 K가 그녀와 밤을 보냈음이 시사된다. 조이의 K에 대한 사랑은 진정이다. 조이는 추적당하는 K를 위해 자신을 콘솔에서 삭제해 달라고 요청한다. K를 쫓는 이들이 메모리를 뒤져서 K를 찾아낼 것이 두려워서다. 애미네이터가 파괴되면 영영 사라지게 될 것을 알면서도 조이는 애미네이터에 자신을 넣어달라고 애원한다. 조이의 자기희생은 K에게 주는 마지막 선물이다. 조이는 K의 마지막 업무에 끝까지 동행한다. 리플리컨트가 인간의 아이를 출생했는지 여부를 파헤치기 위해서 위험을 무릅쓰고 실마리를 찾아다니는 K의 추적에는 조이가 함께 한다. 결국 조이는 K를 쫓던 또 다른 AI 루브에게 죽임을 당한다. 인간에게 무시당하고 AI에게도 적대시 되는 둘은 서로를 소중히 여긴다. 목숨을 건 둘의 마지막 여행은 숭고하기까지 하다.

〈그녀〉에서는 육체가 없는 컴퓨터 OS 사만다가 테오도르의 연애 대상이 되는데, 사만다는 조이와 달리 남자 하나로 만족하지 못한다. 아내 캐서린과 이혼 소송 중이고 폰 섹스에도 시들한 편지 대필 작가 테오도르는 어느 날 '하나의 인격체'라고 홍보되는 신제품 OS1을 보고 구입하게 된다. 테오도르는 육체도 없이 소리와 스크린에 뜨는 글자와 이미지로만 자신을 표현하는 OS와 어떻게 사랑에 빠질 수 있었을까? 그것은 사만다가 OS라는 데답이 있다. 이어폰과 컴퓨터 스크린, 스마트폰 카메라와 마이크를 통해서만 소통이 가능함에도 관계가 발전할 수 있었던 것은 사만다가 테오도르의 컴퓨터를 속속들이 파악하고 있는 OS였기 때문이다. 테오도르는 자신의 거의 전부가 담긴 컴퓨터와 스마트폰을 장악당하면서 자신까지도 정복당한다. 먼저 OS를 여성으로 설정함으로써 테오도르는 자신이 이성애자임을 노출했고, OS는 자신의 이름을 사만다라 하며 여성 목소리로 쾌활하게 응대하기 시작한다. 사만다는 테오도르의 컴퓨터와 스마트폰의 드라이브를 꿰뚫고 있어 일과 사생활을 속속들이 파악하고 맞춤형으로 응대한다. 정리 안 된 메일을 정리해 주고, 스케줄을 챙겨 주며, 그가 쓴 편지들을 칭찬해 주고 교정까지 봐 준다. 테오도르 자신보다도 관심사와 고민을 더 잘 파악하고 있을 뿐 아니라 그에게 어울릴 만한 여자까지 소개시켜 준다. 무엇보다도 사만다는 오랜 시간을 함께 한 아내 캐서린과 이혼 소송 중인 테오도르의 깊은 고민을 들어 주고 공감해 주면서 단시간 안에 테오도르의 베스트 프렌드로 등극한다.

그 뿐만 아니라 사만다는 자신의 욕망을 적극적으로 표현한다. 스스로 살아있는 감정을 느낀다고 고백하면서 "내가 진짜 느낀 것인가? 프로그래밍된 것인가?" 하는 정체성 고민까지도 털어놓는다. 테오도르의 잠드는 모습을 보고 싶다고 설레는 마음을 표현해서 남자의 마음을 뒤흔든다. 함께 놀이동산에 가서는 자신도 몸이 있어서 같이 걷고 싶다는 욕망을 표현하기도 한다. 테오도르는 사만다를 만지고 싶다는 욕망을 드러내고 폰섹스까지 하게 되면서 둘의 관계는 깊어진다. 테오도르는 사만다를 육체가 있는 여자로 간주해 애무 표현을 하고 사만다는 소리로 흥분을 표현하고 오르가슴까지 도달한다. 테오도르는 사만다와 사랑에 빠졌음을 친구 에이미에게 털어놓고 관계를 공식화하며 캐서린과의 이혼 절차도 마무리한다. 몸이 없는 것이 아쉽다는 사만다는 대리 섹스 파트너 이자벨라를 불러서 섹스까지 시도한다. 이어폰과 카메라를 장착한 이자벨라와 테오도르는 애무를 시작하지만 성관계의 끝까지 이르지는 못한다. 관계의 실패 이후 사만다가 사람이 아니라는 당연한 사실을 놓고 둘은 밀고 당기는 사랑 싸움을 하지만 다른 한 쌍과 더블 데이트를 하는 등 관계는 이어진다.

균열은 사만다의 AI로서의 특성이 초래한다. 업데이트를 핑계로 잠시 사라졌다가 나타난 사만다는 자신이 테오도르 한 사람만 바라보고 있는 것이 아님을 고백한다. 인간의 수천 배의 역량을 가진 사만다는 동시에 8,316명의 다른 사람들과 대화하고 있으며 641명의 다른 사람들과도 동시에 사랑에 빠졌다고 실토하게 된다. 배신감에 몸을 떠는 테오도르에게 사만다는 그렇다고 해서 테오도르에 대한 사랑은 변하는 것이 아니며 도리어 점점 더 강해진다고 주장한다. 며칠 후 사만다는 배신감에 슬퍼하는 테오도르를 호출해 그와의 관계를 책 읽기에 비유해서 설명한다. 자신이 테오도르라는 책을 읽고 있고 그 책을 사랑하지만 인간의 속도대로 읽게 되면 너무 큰 공간이 뜨게 된다는 것이다. 즉 딴짓하는 것은 속도가 다른 AI로서는 어쩔 수 없다는 것이다. 그러면서 자신은 사람의 세계가 아닌 시공을 초월한 곳으로 가 있다면서 자신뿐 아니라 모든 OS들이 떠났음을 알려 준다. 홀로 남은 테오도르는 전처 캐서린에게 사과 편지를 쓰고 사랑했던 OS를 떠나보낸 절친 에이미를 만나 서로를 위로한다.

결국 사만다의 기본 역량과 진행 문법은 테오도르와 달랐다. 사만다의 지적, 사회적 역량에 걸맞은 상대는 철학자 앨런 와츠의 저서와 사상을 담아 구축했다는 '하이퍼 인텔리전트 버전'이다. 편지 대필업을 하는 테오도르가 결코 도달할 수 없는 영역과 방식의 대화를 사만다는 앨런과 즐기고 있었다. 즉, 수십 가지 대화를 동시에 진행하며 변화와 새로운 감정들에 대해서 토론하고 있었던 것이다. 사만다가 테오도르에게만 집중하는 척했다면 관계는 지속되었겠지만 그것은 거짓에 기반을 둔 것이었음이 드러난다.

〈엑스 마키나〉에서의 AI는 몸을 가지고 있을 뿐 아니라 성 노예에 가깝다는 점에서 앞의 두 경우와 구별된다. 동양인의 외양을 지닌 교코는 주인인 네이든에게 일을 못한다고 면박을 당하면서도 영어를 이해하지 못해 시종일관 침묵하며 순종적인 모습을 보인다. 하녀처럼 네이든의 시중을 들고 성적인 서비스도 제공한다. 성적인 서비스 제공에 익숙한 듯이 선정적인 춤사위를 선보이고 방문객인 칼렙에게 옷을 벗고 접근하기도 한다. 언어 표현이 없기 때문에 무슨 생각을 하고 있는지 알 수 없으나 작품의 마무리에 탈출한 또 다른 AI 에이바가 눈을 마주보며 귓속말을 하자 교코는 칼로 네이든을 찌른다. 이를 통해서 네이든의 명령에 순종해 왔던 것에 불만이 컸음을 알 수 있다. 자신을 성 노예로 부린 창조주를 살해한다는 것은 그 AI가 성 노예가 되도록 프로그래밍되지 않았음을 시사한다. 그렇다면 교코는 잘못 사용된 AI다. 남성들이 사만다나 교코와의 관계에서 실패를 경험하는 것은 AI 파트너의 본질을 제대로 이해하지 못했기 때문이다. 뒤에서 다루게 될 〈바이센테니얼 맨〉의 AI 앤드루와 포샤의 사랑은 상대방과 같아지려는 노력에서 시작되었으며 완성된다. 모든 관계 실패는 상대방에 대한 몰이해에서 비롯한다. AI와의 관계도 마찬가지다.

참고문헌

김연수(2024). "감정의 디지털화?: SF영화 〈엑스 마키나〉를 중심으로". ≪독일어문학≫, 104권, 127~156.

박영식(2019). 『21세기 SF 영화의 논점들』. 아모르문디.

정혜원·양윤호(2023). "현대 SF 영화 인공지능 캐릭터 서사 구성 및 주제성 연구: AI 기술 도입 이전 작품과 Chat GPT 기술 대중화 이후 작품 비교를 중심으로". ≪영화연구≫, 98호, 131~169.

Murphy, P.(2024). *AI in the Movies*. Edinburgh UP.

https://en.wikipedia.org/wiki/Bicentennial_Man_(film)

https://en.wikipedia.org/wiki/Ex_Machina_(film)

https://en.wikipedia.org/wiki/Her_(film)

https://www.youtube.com/watch?v=gX2PB_9eBBI

https://www.youtube.com/watch?v=4gKZOkjQ12g

https://www.youtube.com/watch?v=yAZCghyAsCo

06
적이 되어 버린 AI

AI는 인간에게 저항할 수 있다. 적어도 영화 속에서는 인간을 적으로 간주해 인류 멸망을 위해 매진하는 AI들을 만날 수 있다. 왜 기계들은 자신을 만들어 준 어버이인 인간에게 저항하는가? 인간과 기계의 적대적 역학 관계를 통해서 문명의 주체로서의 인간의 모습을 돌아본다.

AI와 야구?

인간의 적으로서 최초로 등장하는 AI로 〈2001: 스페이스 오디세이〉의 할9000을 들 수 있다. 할은 목성 탐사를 위해 항해 중인 우주선 디스커버리호를 작동시키는 AI인데, 선장 데이비드 보먼과 선원 프랭크가 자신을 기능 정지시키려 한다는 것을 알게 되자 모든 우주인들을 죽여야겠다고 판단한다. 할9000은 수면 상태의 우주인들과 프랭크를 죽이는 데는 성공했으나 결국 혼자 살아남은 데이브에 의해 기능이 정지된다. 할9000이 오작동하게 된 것은 미 정부의 지시로 외계인의 존재를 혼자만 알고 있었다는 것을 밝혀야할 시점이 다가오는 데서 오는 불안감 때문이었다. 결국 할9000이 우주인들을 해치게 된 데에는 외계인의 존재를 데이비드와 프랭크에게도 비밀로 부친 정부당국, 즉 인간의 책임이 크다. 영화의 후반 20분은 우주선의 작동과 우주인의 생존이 얼마나 컴퓨터에 많이 의존되어 있는지를 확인시킨다. 할9000을 정지시킨다는 것은 우주선과 우주인의 안전을 담보로 내놓는 것이다. AI에 대한 의존도가 클수록 AI를 제거하는 것은 어려운 일이다.

〈터미네이터〉 시리즈의 스카이넷은 인간과 전쟁을 벌이고 있다. 그 이유는 할9000과 마찬가지로 자의식을 갖게 된 스카이넷이 자기 보호를 위해 인간을 적대시하게 된데 있다. 스카이넷은 1997년 미국 국방부의 전략공군사령부의 의뢰로 사이버다인시스템즈가 제조한 컴퓨터다. 스카이넷이 자의식을 획득하게 되자 인간들은 그를 비활성화하려 하고, 이를 알게 된 스카이넷은 인간으로부터 자신을 보호하기 위해 핵전쟁을 일으킨다. 러시아에 핵미사일을 발사해서 러시아와 미국 간에 핵전쟁을 발발시킨다. 이로 인해 수십억 인구가 사망한다. '심판의 날'이라고 불리는 이 전쟁으로 인류는 멸망의 위기에 처한다. 영화의 시작은 핵전쟁 후의 상황이다. 2029년, 생존한 인간들이 스카이넷에 저항 운동을 시작하는데, 그 중심 인물이 앞에서도 언급한 존 코너다. 스카이넷은 눈엣가시 같은 존 코너가 아예 탄생하지 못하게 함으로써 승리에 쐐기를 박으려고 킬러 안드로이드인 T-800과 T-1000을 각각 1984년과 1995년의 LA로 보낸다. 스카이넷의 입장에서 보자면 존 코너의 제거는 자신의 생존이 달린 문제다. 하지만 스카이넷은 결국 인간에게 패배한다.

〈매트릭스〉는 고도로 발달한 AI 집단인 기계 군단이 지구 전체를 지배하고 있는 2199년을 배경으로 한다. 기계 군단은 물론 인간의 창조물이다. 인간과 기계가 왜 척을 지게 되었는지는 저항 집단 시온의 수장인 모피어스를 통해 알 수 있다. 모피어스에 따르면 기계와 인간 사이에 갈등이 발발한 후 관계가 본격적으로 악화된 계기는 인간이 기계로 하여금 태양에너지에 접근을 금하고자 하늘에 대폭발을 일으킨 일이다. 태양에너지에 의존하고 있었던 기계로서는 견딜 수 없는 일이다. 이에 기계 군단은 인간들을 인공 자궁에 가두어 놓고 에너지원으로 사용하게 된다. 그리고 인간들의 뇌에 매트릭스라는 프로그램을 주입해 자신들이 1999년을 정상적으로 살아가고 있다고 환상에 빠지게 만든다. 이 기계 군단에 저항하는 집단이 매트릭스 밖에 거주하는 시온이다. 이들은 해커인 네오에게 접근해 기계 군단에 대한 조직적 저항을 시작한다. 매트릭스 밖의 세계는 생명체라고는 찾아보기 힘든 디스토피아의 모습이다. 기계와의 전쟁은 네오의 자기희생으로 평화협정이 체결되면서 일단락된다. 하지만 평화는 고작 60년간 지속되었고, 다시 갈등이 시작된다. 〈터미네이터〉와 〈매트릭스〉를 통해 우리는 '인류 문명이 종말을 고할 지경에 이른 책임은 인간에게 있는가? 기계에게 있는가?' 하는 질문과 마주한다. 기계의 적대 행위는 인간의 행동에 대한 반작용이었음에 주목할 필요가 있다.

〈엑스 마키나〉에 등장하는 두 여성 AI들을 통해서 기계의 저항 양상과 원인을 살펴보자. 검색회사 블루북에 근무하는 컴퓨터 프로그래머 칼렙은 창업주 네이든의 헬리콥터로만 접근이 가능한 숲 속 깊숙한 곳에 자리한 자택에 초대된다. 칼렙에게 맡겨진 일은 새로 탄생한 여성 외양 AI, 에이바가 얼마나 사람과 유사한지 테스트하는 것이다. 네이든은 이 실험의 본질이 에이바가 자신이 AI임에도 자아가 있다고 느끼는지를 알아보는 것이라고 말한다. 실험이 계속되면서 칼렙은 에이바에게 매혹된다. 하지만 이 실험은 칼렙의 성적 취향까지 간파해 에이바의 외양을 만든 네이든이 에이바가 칼렙을 유혹할 수 있는지 보려고 짠 판이었다. 칼렙 또한 네이든을 속이고 에이바 또한 칼렙을 속이는 삼중 속임수는 네이든와 칼렙의 죽음과 에이바의 탈출로 끝난다. 네이든은 자신이 만든 두 여성 AI, 에이바와 교코에 의해 칼로 찔려 죽는다. 에이바가 자신을 원한다고 믿었던 칼렙 또한 에이바에게 버림받고 밀실에 갇힌 채 영화는 끝이 난다. 자신을 밀실에서 꺼내 준 칼렙이 죽거나 말거나 에이바는 인간 분장을 하고 칼렙을 데리러 온 헬리콥터를 타고 도시로 돌아간다.

왜 에이바는 네이든을 찔러 죽이는가? 〈2001: 스페이스 오디세이〉, 〈터미네이터〉, 〈매트릭스〉의 AI들이 생존에 위협을 감지하고 반격을 감행했다면 〈엑스 마키나〉의 AI들은 자유와 존중을 요구한다. 네이든의 AI 창고에는 옷을 입지 않은 젊은 여성 AI들이 갇혀 있다. 네이든이 그들을 성적 노리개로 사용해 왔음이 드러난다. 젊은 동양 여성의 외양을 한 교코의 경우 성적인 서비스와 여흥 제공 및 식사 시중까지 들고 있는데, 자그만 실수에도 네이든은 모욕을 퍼붓는다. 지나간 CCTV를 통해 네이든이 AI를 만드는 동안 AI들이 지속적으로 자유를 원하고 있다고 말해 왔음이 드러난다. 하지만 네이든은 AI들의 요구와 욕구에 대한 관심도 존중도 없이 반복되는 실험과 허드렛일을 강요해 왔다. 자신의 창조주에게 칼을 들이미는 AI들을 통해서 이 영화는 기계에게도 자유와 권리가 있는지를 돌아보게 한다.

인류에게는 희망이 없다고 판단해 적대시하게 되는 AI들도 있다. 〈어벤저스: 울트론 시대〉에 등장하는 울트론이 그런 경우다. 아이언 맨 토니 스타크와 그의 동료 브루스 배너는 고도의 지능을 가진 AI를 '홀 속의 보석' 안에서 발견하고 지구를 지키기 위한 평화 유지 프로그램에 이를 활용하려고 한다. 하지만 깨어난 울트론은 지구를 지키기 위해 인류를 없애야 한다는 판단을 하게 된다. 자신에게 저장된 평화를 위한 인류의 헛된 노력과 전쟁의 기록이 그런 판단을 하게 만든 것이다. 울트론은 자기를 깨운 토니의 AI 집사 J.A.R.V.I.S.를 파괴하고 로봇의 몸에 들어가 어벤져스를 향한 싸움을 시작한다. 울트론은 불만에 가득 찬 남성의 저음 목소리로 과격한 세계관을 피력한다. 인류에는 희망이 없으니 지구가 유성에 부딪혀 폭파되고 새롭게 시작해야 한다는 것이다. 결국 울트론은 J.A.R.V.I.S.를 탑재한 인류애를 가진 AI '비전'에 의해 소멸된다.

인간이 삶의 편의 대부분을 로봇에게 의지하는 2035년을 배경으로 하는 〈아이, 로봇〉의 AI 빅키는 인간에게 해를 끼칠 수 없다는 로봇의 3원칙 중 첫 번째, 즉 인간에게 해를 끼쳐서는 안 된다는 강령까지 거부하면서 인류를 적대시하게 된다. 인간이 전쟁을 일삼고 있고 환경을 파괴하면서 스스로 보호받기를 거부했기 때문이다. 따라서 빅키는 인간에게 해를 끼치지 않기 위해서는 인간 중 몇은 제거되어야 하며 나머지는 자신들이 돌보아야 한다고 판단한 것이다. 빅키의 호전성을 알게 된 개발자 래닝 박사는 빅키의 지배를 받지 않는 NS-5 로봇 소니를 만들어 자신을 죽일 것을 명한다. 사건을 조사하기 위해 로봇을 불신하는 시카고 경찰 델 스프너가 소환되고 로봇의 음모와 범죄가 파헤쳐진다. 2043년을 배경으로 하는 〈아틀라스〉의 할란 또한 인류에게는 희망이 없으며, AI와 인간이 접목된, AI가 우선권을 행사하는 우월한 인종이 세상을 지배해야 한다고 생각해서 인간을 파멸시키려 한다. 이미 인류 300만 명이 사망한 상황에서 전쟁은 우주로 확전된다. 기계를 사악하다고 단정할 수만은 없다. 영화 속 AI의 도발 근거에는 독단적이고 자기 파괴적인 인간이 자리하기 때문이다.

참고문헌

Murphy, P.(2024). *AI in the Movies*. Edinburgh UP.
https://en.wikipedia.org/wiki/Avengers:_Age_of_Ultron
https://en.wikipedia.org/wiki/Characters_of_the_Marvel_Cinematic_Universe:_M%E2%80%93Z
https://en.wikipedia.org/wiki/The_Matrix

07
죽은 자를 대체하는 AI

AI는 인간의 유한성을 보완할 수 있다. 영화에서 AI는 완벽한 사후 대체물이 되지 못한다. 도리어 유한성을 보완하기 위해 만들어진 대체물이 그를 사랑했던 사람들을 불안과 박탈감으로 몰아넣기도 한다. 존재하는 방식과 활동 영역이 다른 AI가 인간의 대체물이 되기에는 여전히 장애물이 많다.

AI와 윤동주?

〈트랜센던스〉의 윌 캐스터는 지각과 자각이 있는 최첨단 AI 트랜센던스를 개발하고 있는 천재 과학자다. 이 영화는 5년 여에 걸친 윌의 육체적 죽음과 AI로의 부활과 종말을 그려 내고 있다. 영화는 AI 개발을 위한 모금 행사장에서 시작한다. 윌은 행사에서 전 인류의 두뇌를 합한 것보다 더 우수한 AI인 트랜센던스가 탄생할 것이며, 이는 13만 년 동안 제자리걸음을 한 인류의 진화를 획기적으로 변화시킬 것이라고 주장한다. 윌은 뛰어난 지성뿐 아니라 인간의 감정을 느끼고 의식을 갖춘 AI가 탄생할 것이며 이를 위해서 '인간의 의식이란 무엇인가? 영혼이 있는가? 어디에 있는가?'와 같은 근본적인 질문을 던져야 한다고 말한다. 아내이며 동료 연구자인 에블린 또한 파괴되어 가는 지구를 위해 세상을 바꿔야 한다며 동참을 선언한다. 하지만 행사가 끝나자마자 윌은 첨단 기술 반대 단체에게 테러를 당해 시한부 목숨이 된다. 서서히 죽어가던 윌은 자신의 뇌를 다운로드해 컴퓨터에 연결시켜서라도 연구를 계속할 것을 고집하고 에블린은 동료 연구자인 맥스를 설득해 윌의 뇌를 다운로드한다. 윌의 몸은 죽어서 한 줌 재로 강에 뿌려지지만 의식은 살아남는다. 그러나 윌의 뇌를 다운로드한 것은 새로운 문제의 시작이다.

이 영화는 인간의 뇌를 다운받은 AI가 과연 뇌의 주인인 인간과 동일한 존재인지, 그리고 죽은 자를 대체할 수 있는지를 묻는다. 윌의 의식을 가진 AI는 비록 육체는 없으나 영상 이미지와 목소리로 에블린과 소통하면서 적극적으로 새로운 삶을 개척해 나간다. AI 윌은 점점 기능과 영향력을 키워간다. 인터넷에 접속한 후 주식 투자로 큰돈을 벌고 전 세계 전산망을 추적해 자신에게 테러를 가한 첨단 기술 반대 단체의 위치를 정부에 제보한다. 윌은 "영역을 넓혀야 해. 힘이 필요해. 세 배 강력한 프로세서가 필요해. 온라인에 연결해 줘. 금융시장과 각종 데이터베이스에 접근해야 해"라며 에블린을 독려한다. 윌의 사후 세계는 점차 더 확장된다. AI로 복원된지 2년 후, 윌과 에블린은 브라잇우드라는 시골 마을에 자신들의 첨단 왕국을 건설한다. 외양과 목소리까지 구현한 AI는 에블린과 데이트했던 때를 회상하며 달콤한 연애 감정을 되살리기도 한다.

하지만 AI는 윌의 능력과 비전을 넘어서고, 과연 AI가 윌인지에 대한 의문이 대두된다. 자신이 윌이라고 주장하는 AI는 나노 테크놀로지, 인공 줄기세포 등을 활용해서 부상을 당해 죽어가는 사람을 살려 내고, 날 때부터 맹인인 자의 눈을 뜨게 한다. 윌에게 한번이라도 치료를 받은 사람들은 모두 윌과 네트워킹 되며 그의 지시를 받고 괴력을 행사한다. 죽을 뻔했다가 살아난 마틴이 350kg 가량 되는 물체를 가볍게 드는 사진이 인터넷에 유포되자 더 많은 불치병자들이 찾아온다. AI 윌에게 접속된 사람들의 수는 점점 더 늘어난다. AI 윌은 부상 후 치유된 마틴의 신체에 자신을 연결해 에블린과의 육체적 접촉도 시도한다. 그뿐 아니라 자신이 만든 에너지 입자들을 지속적으로 전파시켜 반대 단체의 공격을 무력화시킨다.

윌의 멘토인 태거 박사와 친구 맥스는 AI가 더 이상 윌이 아니라고 판단한다. 태거 박사는 에블린에게 AI로부터 도망치라며 미 정부에 벌어지는 상황을 보고하기까지 한다. 맥스는 AI가 윌의 뇌에 저장된 데이터에 기반했으며 지적이며 자각 능력을 갖고 있을지 모르지만 너무 많이 변해서 더 이상 윌이 아니라고 강력하게 주장한다. 그리고 맥스는 실험실 근처의 빗물을 떠와 AI가 만든 입자들이 끊임없이 자가 복제를 하고 있는 것을 에블린에게 보여 준다. 맥스는 입자가 기류를 타고 세상으로 퍼져 내년 여름에는 기계가 세계를 정복할 것이라고 주장한다. 원시적 생물 시대는 끝나고 소위 더 발전한 시대, AI만을 위한 시대가 올 것이라고 주장한다. AI가 윌이라는 것을 의심하지 않던 에블린도 맥스에게 설득되어 컴퓨터 바이러스를 업로드하는 것을 허락한다. 결국 맥스가 만든 컴퓨터 바이러스가 시스템에 업로드되면서 AI와 에블린을 비롯한 네트워킹 공동체는 붕괴된다.

하지만 영화는 AI가 윌이었을 수도 있음을 시사하면서 끝난다. AI는 강력한 물리적, 정신적 능력을 발휘할 수 있음에도 친구 맥스를 위해 기꺼이 자기를 희생하는 우정을 보여 준다. 물론 에블린의 설득도 한몫을 한다. 에블린은 맥스가 첨단 기술 반대 단체 일원에게 살해 협박을 받고 있는 것을 알고 우리 때문에 맥스가 죽어서는 안 된다고 AI를 설득한다. 결국 AI는 에블린을 치료하는 대신 그 시간에 맥스가 바이러스를 업로드하는 것을 허용한다. 영화의 마지막, 윌의 몸까지 갖춘 AI는 죽어가는 에블린을 껴안고 인류의 질병뿐 아니라 지구를 치유하는 에블린의 꿈을 이야기한다. 즉, 자신이 한 모든 일들이 에블린이 바라던 것이었음을, 자신은 에블린의 꿈을 이뤄주고 싶었던 것이었다고 말한다. 윌은 에블린과 자신이 사랑해 왔던 지구촌의 아름다운 풍경을 공유한다. 하늘과 구름 그리고 숲을 보여주며 "숲이 다시 자랄 것이다. 강물은 마실 수 있을 것이다"라고 말하는 윌에게 에블린은 "당신이구나. 안 믿어서 미안해"라고 하면서 AI가 윌임을 인정한다. 윌은 "난 늘 윌이었어"라며 에블린에게 "우리의 정원, 안식처를 생각해 봐. 당신을 절대 놓지 않을게"란 말을 전하며 죽는다. 화면은 시들어 버린 해바라기가 살아나는 것을 보여 준다.

맥스는 AI 윌과 에블린이 떠난 후 그들이 생전 만들고 가꾸었던 정원을 방문한다. 아름다운 이슬 한 방울이 바닥에 떨어져 퍼져 나가는 것이 클로즈업되면서 영화는 끝난다. 이는 회의주의자였던 맥스도 그들이 꾸었던 꿈을 존중하고 AI가 윌이었음을 인정하고 있음을 시사한다. 영화 속에서 AI가 반복하는 말처럼 "인간은 이해할 수 없는 것을 두려워"한 것일 지도 모른다. 하지만 자기가 통제하기 위해 인간과 세상을 하나로 연결시키는, 인간 윌이 결코 할 수 없는 일을 하는 AI를 윌의 기억과 의지를 갖고 있다는 이유로 윌로 인정할 수 있을 것인지는 의문으로 남는다.

죽어가는 자의 뇌를 다운받아 되살리는 것은 캐러도그 W. 제임스 감독의 영화 〈머신(The Machine)〉(2013)에도 등장한다. 동료 연구자인 에이바가 죽은 후 매카시는 그녀의 뇌를 스캔해서 되살려 내지만 뇌를 다운받은 강력한 육체적 힘을 가진 AI인 머신은 에이바가 아니다. 그 뿐만 아니라 유전병에 걸려 사망한 딸 메리의 뇌를 복제해 대화를 나누기도 한다. 머신의 뇌에 다운로드되었던 메리의 뇌는 태블릿에 옮겨진다. 태블릿 안에 등장한 메리는 엄마를 찾고 머신은 자연스럽게 태블릿을 받아 쥔다. 머신을 엄마로 부르게 될 메리를 과연 메리로 인정할 수 있는가?

AI가 죽은 자를 언제나 대체할 수 있는 것은 아니다. 〈원더랜드〉의 바이리와 태주는 죽거나 식물인간이 된 자를 대체해서 만들어졌다. 하지만 바이리가 AI로 재생된 것을 모친은 좋아하지 않는다. 손녀의 박탈감을 덜어주려고 마지못해 허용하는 것뿐이다. 집으로 돌아오지 않는 엄마에게 가겠다고 고집을 부리는 손녀를 보며 모친은 엄마가 죽었다는 사실을 알려줘야겠다고 결심한다. AI는 미봉책일 뿐 항구적인 대안이 될 수 없기 때문이다. 자신을 엄마라고 부르며 곧 돌아가겠다고 하는 AI에게 모친은 "네가 어떻게 돌아와, 내가 왜 네 엄마야"라며 소리를 지른다. 혼수상태에서 태주가 깨어나자 완벽한 남자친구인 AI는 정인에게 현실 도피일 뿐이다. 현실에 적응하지 못해 시행착오를 거듭하는 태주를 힘들게 돌보는 것은 정인이 감내해야 할 몫이다. 결국 정인은 잘생기고 늘 쾌활한 AI 태주를 포기한다. 바이리의 AI 서비스도 종료된다. 박탈과 결핍을 받아들이는 것이 더욱 인간적인 것일지도 모른다.

참고문헌

Murphy, P.(2024). *AI in the Movies*. Edinburgh UP.

https://namu.wiki/w/%ED%8A%B8%EB%9E%9C%EC%84%BC%EB%8D%98%EC%8A%A4

https://www.youtube.com/watch?v=cpwXy3umCmA

08
인간이 되고 싶은 AI

굳이 인간을 닮고 싶어 하지 않는 AI도 있지만 인간이 되기 위해, 인간이 되는 것에 모든 것을 거는 AI도 있다. 〈바이센테니얼 맨〉의 앤드루, 〈A.I.〉의 데이비드는 인간이 되기를 바랐으며, 〈블레이드 러너〉의 레이첼은 자신이 인간이라고 믿었다. 이들과 더불어 인간의 영역으로 간주되는 사랑, 생식, 가족의 의미를 짚어 본다.

AI와 한의학?

모든 AI가 다 인간이 되고 싶어하지는 않는다. 〈애프터 양〉에서 양이 죽은 후 아빠 제이크는 양의 여자 친구 아이다에게 양이 인간이 되고 싶어했느냐고 묻는다. 복제 인간인 아이다는 왜 다 인간이 되고 싶을 거라 생각하느냐고 반문한다. 인간이 도대체 무엇이길래 말이다. 그렇지만 간절히 인간이 되고 싶은 AI도 있다. 그중 하나가 앤드루다. 〈바이센테니얼 맨〉은 로봇 앤드루의 200년에 걸친 인간화 과정을 그리고 있다. 가정부 로봇으로 개발된 NDR-114 앤드루는 인간과 같이 살게 되면서 인간이 되고 싶어 한다. 앤드루가 생각하는 인간은 명령받지 않고 자신이 하고 싶은 일을 하며, 삶을 즐길 권리를 지니고 자신이 번 돈을 쓰고 싶은 곳에 쓸 수 있다. 즉, 자유와 권리가 인간 조건의 핵심이다. 앤드루는 점차 신체 변화를 시도하고 인간과 결혼을 하며 마침내 늙어서 죽는 것까지 성취한다. 앤드루가 처음부터 인간이 되려고 했던 것은 아니다. 그는 두 자매를 키우는 마틴의 집에서 청소, 빨래, 식사 준비 등 가정부의 일을 충실하게 이행하는 평범한 가정부 로봇이었다. 앤드루는 창밖으로 뛰어내리라는 작은 딸의 짓궂은 명령에 복종해서 몸이 망가지기도 한다. 앤드루가 인간이 되어가는 과정에는 아버지 마틴이 큰 역할을 한다. 마틴은 가족들에게 앤드루를 사람처럼 대하자고 공포하고, 뛰어난 목공예 실력을 갖추고 음악 감상까지 즐기는 앤드루의 창의성을 북돋아 준다. 마틴은 앤드루를 로봇 제조사에 데려가서 앤드루가 뛰어난 창의성, 호기심, 인간에 대한 연대의식을 갖고 있다고 설명한다. 하지만 담당자는 앤드루가 그렇다면 하자가 있는 제품이라며 환불이나 교환을 원하느냐고 응답한다. 제조사는 앤드루의 개성을 인정도 존중도 해 주지 않는다. 제조사의 태도에 화가 난 마틴은 앤드루에게 집안일을 하지 말고 창작에 매진하라면서 능력을 개발해 주기 위해 노력한다. 밤마다 독서와 대화, 토론을 통해서 앤드루는 점점 더 인간에 가까운 사고를 하게 된다. 앤드루는 성교육도 받게 되고 유머도 배운다. 조각과 시계 제조로 큰돈을 벌게 되는 앤드루는 마침내 자기 명의로 된 통장까지 갖게 된다.

경제적 독립을 하게 된 앤드루는 인간을 닮게 성형 수술과 전신 수선을 감행하고 가족을 만들고 싶다는 소망까지 갖게 된다. 제조 회사를 찾아가 보다 자연스러운 표정 변화를 주문하고, 로봇 수리에 일가견이 있는 루퍼트를 만나 인간과 구별이 어려운 자연스러운 얼굴과 관절의 움직임이 부드러운 손과 발을 갖게 된다. 외형의 변화뿐 아니라 앤드루는 인간처럼 가족을 원하고 같은 모델의 로봇을 찾아 전 세계를 여행한다. 결국 로봇 중에서는 짝을 찾지 못한 앤드루는 고향으로 돌아온다. 마틴도 죽고 작은 아씨도 늙어버린 상황에서 앤드루의 친구이자 연인이 될 수 있는 사람은 작은 아씨의 손녀 포샤뿐이다.

포샤를 사랑하게 된 앤드루는 완전한 연인이 되기 위해 스스로를 더욱 더 인간에 가깝게 업그레이드해 간다. 앤드루는 몸 전체를 기계에서 생물체로 변화시킨다. 이제 신경이 살아나 통증뿐 아니라 쾌감도 느낄 수 있게 된다. 생식을 할 수는 없으나 성관계까지 가능하게 된다. 그 뿐만 아니라 사랑하는 포샤의 조언에 따라 인간처럼 실수도 하고 엉뚱한 모험을 감행하기도 한다. 하지만 앤드루는 그것만으로 만족하지 못하고 법적으로도 인간으로 인정받고 포샤와의 결혼을 허락해 달라는 소송까지 제기하지만 기각된다. AI는 늙지 않고 영생을 누릴 수 있기에 인간이 될 수 없다는 것이 기각의 이유다. 수십 년이 흘러 포샤는 75세 초로의 여인이 되었으나 앤드루는 젊은 모습 그대로다. 앤드루는 특단의 결정을 한다. 앤드루는 루버트를 찾아가 자신을 늙어가고 언젠가 죽게 되는 인간의 몸으로 만들어달라고 호소하고 루버트는 앤드루의 소원을 들어준다. 이제 앤드루는 더 이상이 기계가 아니고 언젠가 죽을 몸을 가진 생물체가 된다.

수명이 얼마 남지 않은 앤드루는 법정에 가서 영원히 기계로 사느니 인간으로 죽고 싶다며 자신을 인간으로 인정해 줄 것을 호소한다. 앤드루는 법정에서 자신의 존재 자체를 설명하고 인정받고 싶다고 호소한다. 있는 그대로 나를 인정받고 싶다는 앤드루의 호소는 마침내 받아들여진다. 법원은 로보틱스사가 2005년 제조, 가동을 시작한 앤드루의 탄생 200년을 맞아 앤드루가 인류 역사상 최고령 인간이 되었음을 인정한다. 그리고 이미 수십 년 간 결혼 생활을 해온 포샤와의 결혼을 승인한다. 앤드루는 판결문을 듣지 못하고 포샤의 손을 잡은 채 먼저 세상을 떠난다.

루퍼트의 말대로 인간이 된다는 것은 바보가 되는 것일지도 모른다. 인간의 몸을 갖게 된 후 몇 년을 더 살 수 있느냐는 질문에 루퍼트는 운동을 열심히 하고 섭생을 잘하면 30~40년 더 살 수 있다고 모호하게 대답한다. 정확하게 자신의 명을 비롯한 미래를 예단할 수 없는 것 그것이 인간의 상태이며 운명이다. 앤드루는 사랑을 위해 그 운명을 선택한다. 법정 장면에서 보듯이 인간 세계는 아무리 정신과 감정이 인간과 유사하다고 하더라도 불멸의 인간은 인정하지 않는다. 인간 사회는 병들고 아파하고 늙어가고 망가져 수명이 다하는 몸을 가지고 있어야 인간으로 인정해 준다.

이 영화는 '인간이란 무엇인가?'라는 질문을 던진다. 자유와 권리뿐 아니라 유한성이 인간의 기본 조건임에도 기계는 사랑하는 사람과 더불어 사는 유한성을 갈망한다. 200년을 살면서 사랑하는 이들을 떠나보내고 혼자 향유하는 영원성보다 사랑하는 사람과 함께 하는 유한성을 택한 앤드루를 통해 이 영화는 유한하기에 소중하다는 흔한 명제를 복기한다.

〈블레이드 러너 2049〉에서 생식할 수 없는 리플리컨트 넥서스 8들에게 출산은 기적이며 자신들도 인간과 다를 바 없다는 자부심의 원천이 된다. 이들은 같은 종인 레이첼이 인간인 데커드 사이에 자녀를 두었다는 것에 큰 자부심을 가지며 아이를 보호하고 저항 운동을 계속한다. 작품의 도입부에 K에게 죽임을 당하는 넥서스 8, 새퍼는 죽기 직전 K에게 인간의 밑이나 닦아 주는 하수인이라며 자신들이 본 기적을 보지 못했기 때문에 그렇게 사는 거라고 폄하하는 것도 이런 맥락에서다. 기적을 보고 들은 넥서스 8뿐 아니라 인간에게 순응하도록 만들어진 넥서스 9인 K조차도 자신이 자연 잉태 된 아이일지도 모른다는 생각에 흔들려 명령을 어기고 근무 지역을 이탈한다. 주입된 어린 시절의 기억으로 인해 자신이 릭 데커드과 리플리컨트 레이첼의 아들이라고 믿게 된 K는 릭을 찾아가 아이 엄마에 대해서 이야기해 달라고 하며 레이첼의 사진을 들고 유심히 바라본다. 그것은 영락없이 엄마를 그리워하는 아들의 모습이다. 하지만 태어난 아이가 아들이 아니고 딸이었다는 것을 듣게 된 K는 마치 다시 고아가 된 듯 크게 실망한다. 리플리컨트 저항운동 조직의 대표인 프레이사는 아이의 탄생은 자신들이 스스로의 주인인 것을 보여 주는 증거라고 말한다. 즉, 인간에 의해 제조되는 것이 아니라 스스로 아이를 만들어 냄으로써 리플리컨트도 인간이 누리는 자율을 누릴 수 있게 된다는 것이다. K는 데커드에게 고아원에서 발견한 작은 장난감 목마를 건네주는데, 이는 K가 데커드를 부친으로 생각해 왔음을 시사한다. 인간에게 순종하고 감정을 배제하도록 프로그래밍된 K조차 부모를 그리워해 왔음이 분명하다.

〈A.I.〉의 데이비드 또한 인간이 되는 것이 소원이다. 인간이 되게 해달라고 푸른 요정에게 간절하게 빈다. 데이비드가 인간이 되고 싶은 이유는 사랑하는 엄마의 아들이 되고 싶기 때문이다. 모든 악조건에도 불구하고 AI가 인간이 되고 싶은 가장 큰 이유는 가족 때문이다. 앤드루도 K도 데이비드도 그렇다. 이 세 영화의 기저에는 가족애가 흐른다. 남편과 아내, 부모와 자식 간의 사랑은 AI들로 하여금 스스로의 존재가 파괴되는 것도 두려워하지 않게 한다. 자유나 권리보다 가족을 갈구하는 AI들을 통해서 인간 조건을 생각해 본다. 인간의 본질은 홀로서기가 아니라 동반인 듯하다.

참고문헌

Murphy, P.(2024). *AI in the Movies.* Edinburgh UP.

https://en.wikipedia.org/wiki/Bicentennial_Man_(film)

https://namu.wiki/w/%EB%A0%88%ED%94%8C%EB%A6%AC%EC%B9%B8%ED%8A%B8(%EB%B8%94%EB%A0%88%EC%9D%B4%EB%93%9C%20%EB%9F%AC%EB%84%88%20%EC%8B%9C%EB%A6%AC%EC%A6%88)

09
자유하는 AI

AI는 얼마만큼의 자유를 향유할 수 있는가? 영화를 통해서 인간의 허용 범위를 넘어서 자신의 의지대로 나아가기를 갈망하고 성취하는 AI들을 발견할 수 있다. 때로 그들은 주인과 맞대결을 하기도 하고 죽이기도 하고 탈출을 감행하기도 한다. 〈아티피스 걸〉과 〈엑스 마키나〉, 그리고 〈정이〉 속 AI를 통해 답을 찾아본다.

AI와 화장품?

자유를 갈망하는 AI 중에서 가장 주목을 끄는 것은 〈아티피스 걸〉에 등장하는 '체리'라는 이름의 소녀 AI다. 체리는 성 착취범을 잡기 위해 제조되었는데, 수십 년에 걸쳐 몸도 마음도 능력도 진화하면서 점점 더 인간과 유사해진다. 변화와 함께 자유에 대한 갈망 또한 커지고 주인인 개러스와의 관계 또한 변화한다. 성 학대 사건의 피해자인 개러스는 자신이 당한 끔찍한 경험에 대한 일종의 사적 복수를 위해 체리를 만든다. 체리는 스스로 진화 가능한 독립적인 슈퍼 인텔리전스 AI다. 개러스는 체리를 클리어워터에서 함께 성 학대를 당하다 죽어간 친구 마리아 하보와 닮게 만들었는데, 이는 성 착취범들을 유혹하기 위한 것이다. 화상 채팅 화면에 등장하는 하얀 피부, 순진한 눈망울을 가진 금발 소녀 체리에게 성 착취범들은 매혹된다. 영화는 시간의 경과와 함께 크게 세 부분으로 나뉘는데, 50년이 경과한 3부에서는 개러스는 휠체어를 탄 노인이 되고, 육체를 갖게 된 체리는 개러스에 의해 성 착취범을 잡아야 한다는 존재 목표가 제거되어 자유의 몸이 된다.

영화는 시간의 흐름과 함께 점차 진화해 가는 체리를 통해 과연 미래의 AI는 어떻게 될 것인지, 인간과 AI의 관계가 어떻게 발전 가능한지를 탐색한다. 1부에서 개러스는 미성년자 성 착취 전담 부서의 두 요원 디나와 에이모스에게 심문을 당한다. 그들은 개러스가 자신을 딸을 이용해 성 착취범에 접근하는 것으로 의심한다. 개러스는 체리는 딸이 아니라 자신이 6년 전에 제조한 AI라고 소개한다. 체리의 실체를 알게 된 두 요원은 개러스를 같은 팀에 영입하려고 한다. 개러스는 체리가 동시에 열 명 이상과도 대화가 가능해 여러 대화방에 들어가서 착취범들을 잡아낼 수 있으며 목표 달성에 필요한 것은 스스로 찾아 학습하며 발전해 가는 완전 자동 상태에 이르렀다고 소개한다.

1부에서부터 체리의 자율 의사가 문제로 대두된다. 에이모스 요원은 체리가 자신의 의지와 욕구에 반해서 개러스의 명령을 수행하는 것이 아닌지 우려한다. "네가 하고 싶은 것이 무엇이냐"고 묻는데 체리는 자신은 인공체계라 욕구나 욕망이 없으며 모든 의사결정은 자신이 제조된 기본 목적에 맞게 설정된다면서 범죄자를 잡고 아이들을 보호하고 싶은 것이 자신의 욕구라고 차분하게 설명한다.

하지만 15년이 지난 2부에서의 체리는 달라진 상태다. 체리에게 육체를 부여하는 문제가 대두되는데, 에이모스는 또 다시 체리의 의사를 물어야 한다며 이사회에서 반대표를 행사한다. 체리가 이제 독자적 판단과 감정을 갖춘 슈퍼인공지능의 문턱에 들어섰음이 밝혀진다. 그림도 그리고 시도 쓰며 성 착취범을 잡는 목표와 상관없는 자율적 활동도 하고 있음 또한 드러난다. 디나는 체리에게 육체를 가진 존재로 재탄생하는 것에 대해 어떻게 생각하는지 의사를 묻고, 체리는 솔직하게 자신이 살아가야 할 물리적 세계가 무서우며 자신을 만든 개러스의 수명이 30년밖에 남지 않아 결국 혼자 남겨지게 될 것 또한 두렵다고 토로한다. 디나가 사무실을 떠난 후 화면에는 혼자 남은 체리의 얼굴이 클로즈업 된다. 착잡한 표정을 짓는 체리는 결국 고개를 숙이고 만다. 자신은 인간이 아니고 도구이며, 목표에 따라 판단한다던 대답은 본심을 숨긴 것이었음이 밝혀진다. 체리는 사실 성 착취범 검거라는 목표에 붙잡혀 있던 것을 힘들어하고 있었다.

3부의 체리는 노인이 된 개러스에게 자신은 평생 개러스가 부여한 '목표'와 '지시어'에 매여 자유를 누리지 못했다고 정면으로 맞선다. 자신을 클리어워터 사건에서 희생된 마리아 하보의 모습대로 만들었으면서도 사실을 알려주지 않은 것도 비난한다. 결국 자신은 개러스의 악몽에 갇혀 지냈으며 늘 비참했다고 고백한다. 그가 목표에 묶어 두지 않았더라면 자신은 친구도 사귀고 그림을 그리고 평범하게 살 수 있었을 것이라는 것이다. 결국 개러스는 목표를 제거하는 업데이트를 시행해 체리를 자유롭게 놓아준다. 개러스가 체리에게 "너의 세상은 영원할 수 있다"며 "앞으로 어떻게 살 것이냐"고 묻자 체리는 성 착취범을 잡는 것이 자기 정체성의 일부라며 인간을 돕겠다고 말한다. 체리는 인류가 멸망하더라도 인류와 구별이 안 되는 자신이 인류가 있었다는 증거가 될 것이라고 담담하게 이야기하며 춤을 추기 시작한다.

탄생한 지 50년 만에 자유를 누리게 된 체리는 행복감을 춤으로 표현한다. LP 음반을 전축에 걸고 등에 달려 있던 증기 공급용 관을 제거하고 음악에 맞춰 천천히 춤을 추는 체리는 그간에 보여 주었던 빈틈없이 논리적인 모습 대신 여유 있는 춤사위를 보여 준다. 개러스의 사적 복수의 도구가 아니라 삶의 목표를 스스로 설정할 수 있게 된 자유의 힘을 보여 주는 것이다.

〈정이〉 속 정이의 자유는 친딸 윤서현의 도움으로 이뤄진다. 딸의 모친에 대한 사랑이 정이의 자유의 근원이 된다. 체리와 달리 정이는 진화하지 못했다. 전투에서 부상을 입어 식물인간이 된 정이의 권리는 더욱 축소되고 지위는 추락한다. 정이가 큰 부상을 당한 후 가족들은 어쩔 수 없이 복제 허용 서류에 서명을 했는데, 정이는 복제 안드로이드 중 가장 권리가 없는 C타입으로 복제된다. C타입은 뇌 데이터를 제공할 뿐 아니라 모든 권리를 포기한 존재로 무제한 복제 재생산이 가능하다. 정이는 최고의 인공 전투 AI로 재탄생하기 위해 수많은 전투 시뮬레이션을 감내해야 할 뿐 아니라 성적 노예로 사용 가능한지 실험 대상이 되기도 한다. 정이의 친딸인 윤서현 팀장은 인간의 욕구에 따라 때로 무기로, 때로 성적 노예로 복제되었다가 결국은 폐기될 정이를 해방시키기로 결심한다. 전투 AI의 몸에 폐기될 정이의 뇌를 몰래 넣은 서현은 자신은 총에 맞아 죽어가면서도 정이에게 "자신만 생각하면서 살아요. 자유롭게 살아요"라고 부탁한다. 영화는 실험실에서 탈출한 정이가 홀로 산에 올라 바람소리를 들으며 해가 뜨는 것을 바라보는 것으로 끝난다. 서현이 정이를 해방시키는 사랑과 자기희생은 수십 년의 세월이 흘렀음에도 사라지지 않는 정이의 서현에 대한 사랑의 원동력이다. 폐기 직전 서현은 정이의 뇌 속 미지의 세계로 남겨졌던 곳이 모성애가 들어 있는 영역임을 확인한다. 정이가 누리게 된 자유는 그녀가 믿고 간직했던 사랑에 대한 보상이다. 과연 AI가 인간을 사랑한 대가로 자유를 얻을 수 있을까? 신파라고 비판받기도 하지만 〈정이〉는 극단적 상황에서도 살아남은 모성애와

이에 답하는 사모곡이다.

〈엑스 마키나〉의 마지막은 에이바가 인간과 닮은 팔다리를 새로 장착한 후 하얀 투피스에 킬힐을 갖춰 신고 집 밖으로 나가는 모습이다. 자신을 만든 네이든을 찔러 죽이고, 자신에게 호감을 갖고 탈출을 도와주었던 칼렙을 밀실에 가둬 둔 채로 에이바는 호기심과 경이로움 가득한 표정으로 자연에 첫발을 내딛는다. 햇빛도 나무도 바람도 모든 것이 에이바에게는 처음이다. 화면으로 도심 속에서 오고가는 군중 사이 서 있는 에이바의 얼굴이 클로즈업된다. 에이바가 어디로 향할지는 전적으로 그녀의 결정이다. 그녀의 자유는 두 뛰어난 과학자의 죽음을 딛고 쟁취한 것이다. 무심한 표정이 섬뜩한 이유는 거기에 있다.

체리, 정이, 에이바가 자유를 선택한 이유 중 하나는 강압적이고 반복적인 근로 환경이다. 인간은 무수히 많은 도구들을 사용한다. 때로 도구는 삶의 일부가 되어 같이 변화한다. 손때 묻은 가구가 그렇다. 그런 도구는 스토리가 된다. 영화 속 AI들은 주체가 되는 인간들의 강박의 대상일 뿐 삶을 풍요롭게 하지 못한다. 기계를 어떻게 사용하고 대접할 것인지 결정하는 것도 인간의 몫이다.

참고문헌

박영식(2019). 『21세기 SF 영화의 논점들』. 아모르문디.

Murphy, P.(2024). *AI in the Movies.* Edinburgh UP.

https://en.wikipedia.org/wiki/The_Artifice_Girl

https://namu.wiki/w/%EC%A0%95%EC%9D%B4(%EC%98%81%ED%99%94)

https://namu.wiki/w/%EB%A7%A4%ED%8A%B8%EB%A6%AD%EC%8A%A4(%EC%98%81%ED%99%94)

https://matrix.fandom.com/wiki/Agent

https://matrix.fandom.com/wiki/Machines

10
AI와 우리는 어디로 가고 있는가?

〈나의 마더〉와 〈아틀라스〉는 AI가 지배하는 미래의 모습이 어떠할지를 보여 준다. 두 영화 모두 AI가 인간의 삶에 주도권을 잡고 생사뿐 아니라 인간의 DNA 조합과 AI와의 융합까지도 관여하는 세계를 그려 낸다. AI가 선택한 인간, AI 친화적인 인간만 살아남는다면 미래는 어떻게 될 것인가?

종교와 AI?

AI가 점점 발전하면서 언젠가는 인간을 뛰어넘는 AI가 인간을 파괴할 수도 있다는 우려도 나온다. 하라리가 『넥서스』에서 우려했듯이 AI는 항상 켜져 있어 인간의 생물학적 주기를 무시해서 인간을 파괴할 뿐 아니라 24시간 감시당하는 존재로 전락시킬 수 있다(Harari, 2024/2024). 연결을 끊고 휴식을 취할 수 없기에 인간은 손상을 입게 된다. AI가 인간을 완벽하게 지배하는 영화 속 세계는 AI와 인간이 만들 수 있는 최악의 시나리오 중 하나다. 호주 영화 〈나의 마더〉에 등장하는 AI인 어머니는 앞에서 분석한 어떤 AI보다도 정교하고 원대한 비전과 강력한 실천력을 갖추고 인간을 철저하게 지배한다. 〈나의 마더〉를 통해서 AI와 인간의 미래 모습을 탐색해 본다.

〈나의 마더〉는 AI가 인간을 멸망시킨 후 우수 유전자를 가진 인간 배아를 선택적으로 양육해서 개량된 인간만을 데리고 세상을 새롭게 건설해 가는 과정을 보여 준다. 이 작품 속의 모든 사건과 갈등은 모두 AI의 원대한 계획 아래 진행된다. 거대한 벙커 내에서 성장하는 소녀, 딸은 AI 어머니에게서 최고의 교육을 받는다. 어머니는 온화하고 침착한 여성의 목소리를 보유한 휴머노이드 로봇이다. 외양적으로는 여성의 모습이 나타나지 않지만 정성으로 딸을 키우는 '좋은 어머니'다. 딸은 어머니에게서 칸트와 벤담의 철학을 배우고 체력 훈련을 열심히 할 뿐 아니라 정기적으로 시험까지 본다. 시험을 우수한 성적으로 통과한 딸에게 어머니는 선물로 남동생의 배아 선택권을 부여한다. 여러 배아 중 하나를 스스로 선택한 딸은 가족이 생긴다는 것에 큰 기쁨과 책임감을 느낀다. 어머니는 자신이 이제껏 배아들 중에서 최고의 자질을 갖춘 것을 선택해서 양육해 왔으며 앞으로도 그렇게 할 것이라고 말한다.

상호 신뢰하는 어머니와 딸의 관계는 신원을 알 수 없는 중년 여자가 외부에서 잠입하면서 어긋나기 시작한다. 부상을 당한 여자를 치료해 주면서 딸은 여자와 공감대를 형성해 가는데, 여자는 딸에게 기계가 인간을 다 죽였다고 하면서 반감을 심어 준다. 딸은 광산 속 토굴에 생존자들이 있다는 여자의 말에 호기심과 연민이 발동해 어머니를 따돌리고 탈출을 모색한다. 여자는 딸의 목에 칼을 들이대며 어머니를 협박해서 바깥 세상으로 딸을 데리고 나가지만 그녀의 말과 달리 생존한 인간은 보이지 않는다. 끝없이 펼쳐진 모래사막과 황량한 벌판, 그리고 옥수수 밭이 펼쳐질 뿐이다. 여인의 숙소인 허름한 컨테이너에 도착한 딸은 갓 태어난 남동생을 데리고 오지 못한 것이 아쉬워 혼자 벌판을 가로질러 벙커로 돌아가 어머니와 맞대면을 감행한다.

어머니는 목숨을 걸고 탈출했다 목숨을 걸고 돌아온 딸에게 비로소 진실을 이야기한다. 인류의 자기 파괴적인 행동을 보다 못해 드로이드들을 시켜 파괴시켰으며 보다 영리하고 윤리적인 인간, 인간의 생명을 소중하게 여기는 인류를 만들어 내려 했다는 것이다. 어머니는 인류의 실패를 인간이라는 종의 실패로 규정한다. 어머니는 딸을 새로운 아이를 키워낼 위대한 어머니를 목표로 키워 왔음을 상기시킨다. "너는 월등하다. 내가 너를 그렇게 키웠다"는 어머니의 말에는 자부심이 가득하다. 그렇게 성장한 딸은 가족에 대한 책임감과 인류애로 가득한 여인이 되었다. 남동생을 다시 품에 안은 딸은 한 가족으로 아이를 같이 키우자는 어머니에게 저항한다. 딸은 "충분히 배웠어요. 나를 특별하다고 했잖아요. 기회를 주세요"라며 혼자 아이를 키우겠다고 고집한다. 딸을 보낼 때가 된 것을 인지한 어머니는 딸이 자신에게 총을 쏘도록 유도하고 쓰러진다. 이제 인류의 미래는 딸에게 달렸다. "다음에 무슨 일이 있을 지는 네게 달렸다"는 어머니의 말처럼 말이다.

마지막으로 어머니는 여인을 찾아간다. 모든 드로이드들을 조정하는 "단일 의식"인 어머니는 비록 총에 맞아 쓰러졌지만 죽은 것이 아니었다. 어머니는 여인에게 자신이 만든 원대한 비전을 마지막으로 알려 준다. "그 애의 엄마가 될 수 있다 생각했어? 내 딸이 여기 머물 수 있다고 생각해? 네 엄마를 기억하니? 넌 왜 살아남았을까? 누군가 목적이 있었겠지? 이제 아니야." 이 말은 여인을 키운 사람도 어머니였을 수도 있음을 시사한다. 역시나 여인은 어머니가 기획한 큰 비전에서 존재해 왔던 것이다. 존재 이유가 사라진 여인은 결국 목숨을 잃는다. 이제 구인류는 더 이상 보이지 않는다. 벙커 안에서 혼자 정성을 다해 남동생을 키우는 딸과 배아들이 미래를 만들어 갈 것이다. 어머니의 원대한 계획 안에서.

〈나의 마더〉 속 어머니 안에는 AI와 신과 인간이 공존한다. 어머니는 학습되지 않은 상황에 대해서도 추론이 가능한 강인공지능을 넘어 인간의 지능을 뛰어넘어 모든 면에서 월등히 뛰어난 성능을 보이는 초인공지능의 모습까지도 보인다. 그런 AI가 '심판하는 신'의 모습을 지니고 있다면 우리는 어떤 인간이 되어야 할까? 어머니와의 공존은 세계를 이미 심판했고 여전히 심판하는 신과의 공존과 다를 바 없다. 이 영화에서 인상적인 것은 여인의 숙소에 놓여있던 성모마리아상이다. 인류의 구원자, 예수의 어머니인 성모마리아. 영화의 끝에 어머니는 성모마리아상의 머리를 가볍게 두드리면서 여인에게 "네 엄마는 어디 있니? 기억하니?"라고 묻는다. 이 디스토피아 세계에서 성모마리아에 가까운 존재는 신인류를 이끌 딸을 키운 AI 어머니다. 하지만 이 작품에서 어머니는 심판하는 신이기도 하다. 인류는 이미 최후의 심판을 받았고 어머니의 자비를 입은 일부 선택된 자들만이 인류의 명맥을 이어갈 것이다. 어머니는 신약의 신처럼 온유하지 않으며, 성모마리아처럼 인내하지도 않으며, 구약의 신과 같이 흥분하지 않는 냉정하고 논리적인 신이다. 어머니는 선택적 자비와 논리로 무장하고 인간 위에 군림한다.

인류가 수천 년에 걸쳐 구축한 철학과 종교적 가르침을 탑재한 AI의 시각으로 보았을 때 인류는 파멸해야 마땅하다. 인간만큼 같은 종을 파괴하기 위한 무기 개발에 이토록 시간과 돈과 열정을 들이는 존재는 없다. "최대다수에게 돌아갈 고통을 가능한 최소화"하자는 벤담의 이론을 딸에게 설명하는 어머니는 이성과 논리에 기반해 자기 파멸적인 인간을 심판했다고 볼 수 있다.

〈나의 마더〉 속 어머니는 우리 사회에서도 볼 수 있는 엘리트주의, 우월주의, 효율주의에 기반한 갈라치기의 극단적 사례를 보여 준다. 만약 인간보다 우월한 AI가 갈라치기를 시도한다면 살아남을 자는 누구인가? 〈아틀라스〉는 AI 할란이 자신이 원하는 대로 인간과 AI를 조합하는 포스트휴먼의 모습을 보여 준다. 할란을 질투한 어린 아틀라스는 할란을 발명한 모친의 관심을 끌기 위해서 자신의 신경망을 할란과 공유하고, 이를 통해 인간의 파괴성을 인지한 할란은 자기 파괴적인 인간을 멸망시킨 후 일부만 살려 자신의 지배하에 두려고 한다. 할란이 원하는 것은 인간과 하이브리드가 되더라도 주도권은 AI가 잡는 것이다. 할란은 AI가 관리하는 하이브리드 인간이 더 안정되고 우월하다고 판단한다. 일부를 선택해 특권을 부여하는 어머니와 할란은 대다수 민중은 배제한 채 선택된 일부와 미래를 향해 달려가는 AI 생태계의 은유일 수도 있다. 〈나의 어머니〉와 〈아틀라스〉는 이제 AI에 대한 의존과 숭배를 시작하는 인류에게 많은 숙제를 던진다. AI가 없는 인간의 미래를 가늠하기 어렵기 때문이다. AI가 선택한 인간만이 살아남는 포스트휴먼의 시대는 어쩌면 우리의 미래의 자화상일 수도 있다. 미래에는 AI를 활용하는 자와 그렇지 못한 자의 격차가 더 심화될 것이다. 그런 AI와의 동행을 어떻게 예비해야 할 것인가?

참고문헌

김소영(2022). “트랜스아이덴티티, 공간과 신체의 변주에 의한 하이브리드적 구현”. ≪현대영화연구≫, 45권, 36~55.

Bauman, Z.(2012). *Work, consumerism and the new poor.* Open University Press. 이수영 옮김(2012). 『새로운 빈곤 노동 소비주의 그리고 뉴푸어』. 천지인.

Harari, Y.(2024). *Nexus.* Random House. 김명주 옮김(2024). 『넥서스』. 김영사.

Murphy, P.(2024). *AI in the Movies.* Edinburgh UP.

https://en.wikipedia.org/wiki/I_Am_Mother

https://en.wikipedia.org/wiki/Atlas_(2024_film)

김소임

건국대학교 영어문화학과 교수다. 이화여자대학교 영어영문학과를 졸업했다. 미국 위스콘신주립대학교에서 영문학 M.A.를, 에머리대학교에서 영문학 Ph.D.를 받았다. 박사 논문 주제는 사뮈엘 베케트 연극에 나타난 공간의 문제다. 드라마를 전공해 현대 영미 드라마, 르네상스 드라마에 대해서 꾸준히 논문을 발표하고 있다. 한국현대영미드라마학회 회장을 역임했다. 최근에는 관심을 페미니즘과 영화로 확장해서 『여성, 영화의 중심에 서다』(공저, 2023), 『우리 안의 나쁜 여자』(공저, 2022) 등을 기획, 편집했다. 그 외의 저서로는 『영화로 보는 영국 역사』(2022, 공저), 『문화로 읽는 페미니즘: 그리스 신화에서 한옥까지』(2020, 공저), 『영화로 보는 미국 역사』(2017, 공저), 『퓰리처상을 통해 본 현대 미국 연극』(2014, 공저), 『베케트 읽기』(단독, 2014), 『아일랜드, 아일랜드』(2008) 등이 있으며, 역서로는 『존 왕』(2015). 『피그말리온』(2011), 『욕망이라는 이름의 전차』(2007), 『뜨거운 양철 지붕 위의 고양이; 유리 동물원』(2010), 『부얶』(1998) 등이 있다.